Christina Bolte

Den Jakobsweg ins Leben nehmen

Das Arbeits-Buch für den Weg zurück ins Leben

Bibliografische Information der Deutschen Nationalbibliothek:
Die Deutsche Nationalbibliothek verzeichnet diese Publikation in der
Deutschen Nationalbibliografie; detaillierte bibliografische Daten sind im
Internet über http://dnb.dnb.de abrufbar.

© 2015 Christina Bolte

Umschlaggestaltung: **Sabine Kwauka**
Copyright Bilder:
Umschlagmotiv, Autorenfoto sowie alle Bilder im Innenteil
aus eigenem Bestand der Autorin

Herstellung und Verlag: BoD – Books on Demand, Norderstedt

ISBN: 978-3-7347-7638-0

Inhaltsverzeichnis

Inhaltsverzeichnis 5
Vorwort 7
    Über die Autorin 9
    Allgemeines 11
    Was erwartet Dich in diesem Buch? 13
Tipps & Impulse für unterwegs 14
Tipps & Impulse für die Rückreise 16
    Worte & Gedanken 18
    Reflexion 18
    Mein „Jakobsweg-Moment" 20
Tipps & Impulse für die ersten Tage nach der Rückkehr 22
    Worte & Gedanken 22
    Taten 24
    Fragen zur Integration 27
    Wochenrückblick – der ersten Woche nach der Rückkehr ... 41
Tipps & Impulse für die ersten Wochen nach der Rückkehr ... 43
    Worte & Gedanken 45
    Taten 46
    Pilger-Tage im Alltag 46
    Einfachheit 47
    Fragen zur Integration 49
    Loslassen 55
    Willkommen heißen 57

Tipps & Impulse für das erste halbe Jahr nach der Rückkehr 58
    Ein roter Faden 58
    Worte & Gedanken 61
    Taten 63
    Begegnung 64
    Einfachheit – Teil 2 65
    Prototypen 67
    Fragen zur Integration 69
Gegenwind & Nebelbänke 79
    Ziel 80
    Nebel 82
Versprechen & Aufgabe 83
    Schutzengel 84
    Brunnen zum Auftanken 85
Zu guter Letzt: Abschluss & Wünsche für Deinen Weg 86
    Wandel 87
Nachwort 88
Abbildungsverzeichnis 89
Literaturverzeichnis und -empfehlungen 89
    Weblinks 90

Vorwort

„Der Weg von der Erde zu den Sternen ist nicht eben." (Seneca)

Herzlichen Glückwunsch! Sie haben es geschafft: Sie sind Hunderte von Kilometern auf dem Jakobsweg bis nach Santiago gelaufen, Sie haben körperlich sicherlich einiges geleistet, von dem Sie niemals geahnt hätten, dass Sie dazu imstande sind. Sie sind Widrigkeiten und Wind & Wetter zum Trotz Ihren Weg gegangen, manchmal schneller, manchmal langsamer. Sie haben viel erlebt und gesehen. Und möglicherweise sind Sie – wörtlich im Sinne des Weges wie auch körperlich oder emotional – durch viele Höhen & Tiefen gegangen. Sie sind unterwegs vielen verschiedenen Menschen begegnet, Einheimischen wie anderen Pilgern – junge wie alte, Gruppen wie Einzelgängern, Menschen wie Sie & ich oder auch sicherlich manchem schrägen Vogel.

Nach all diesen Strapazen und anderen Denkwürdigkeiten sind Sie nun also am Ziel Ihres Weges – in Santiago de Compostella (was wörtlich „Sternenfeld" bedeutet) – angekommen oder womöglich laufen (oder fahren) Sie auch noch weiter nach Finisterre oder Muxia bis ans Ende der Welt.

Egal was Sie dort tun – ob Sie feiern (was ich Ihnen sehr wünsche und empfehle!), sich erholen oder Ihre Kleidung verbrennen – die schwierigste Etappe steht Ihnen nun noch bevor: Der Weg zurück nach Hause und der Weg zurück ins Leben. Denn nun heißt es, den „Neuen Menschen", den Sie durch Ihren Pilgerweg in sich selbst entdeckt haben, (wieder) in Ihr Leben zu integrieren.

Ob dies das Leben sein wird, das Sie umgab, als Sie von zu Hause aufgebrochen sind, oder ob Sie bereits vor Ihrer Reise einen kompletten Schlussstrich gezogen haben, oder ob Sie vielmehr auf dem Jakobsweg beschlossen haben, etwas zu verändern oder einen Neustart zu wagen – all dies sind Alternativen und Gedanken, die Sie möglicherweise unterwegs bewegt haben. Daher wäre es schade, wenn Ihre Gedanken, Impulse, Inspirationen, Anregungen und Entschlüsse, die Sie auf dem Jakobsweg erhalten haben, oder die Ihnen auf anderem Wege zugelaufen sind, wieder im Gefecht des Alltags verschüttet würden – denn dann hätten Sie (provokant gesagt) auch auf einem beliebigen anderen „Wanderweg" Ihren Urlaub verbringen können.

Aber Sie haben sich (bewusst oder unbewusst) für den Jakobsweg entschieden – und weil dieser doch ein besonderer, auch ein besonders spiritueller Weg ist, sind auch die Gedanken, Anregungen und Impulse ganz besondere. Und wenn es Ihr Wunsch ist, diese besonderen Schätze mit in Ihr Leben zu nehmen – dann ist es kein Zufall, dass Sie dieses (Arbeits-)Buch in den Händen halten.

Dieses Buch soll Sie dabei unterstützen, dass es Ihnen gelingt, die Erlebnisse und Erfahrungen Ihres Jakobswegs gut zu reflektieren und zu bewahren. Es soll Sie bei der Umsetzung möglicher Impulse, die Sie auf Ihrem Weg erhalten haben, begleiten. Wie der Reiseführer, den Sie möglicherweise während Ihres Jakobsweges permanent in Griffweite hatten, empfiehlt es sich, auch dieses Büchlein immer mal wieder zur Hand zu nehmen. Und ja, es ist ein <u>Arbeits</u>-Buch – denn es bedeutet schon einige Arbeit, wenn Ihre Jakobsweg-Erfahrungen nicht im Alltag verloren gehen sollen – und zwar ein sehr persönliches: Ihres.

Und auch wenn Ihnen zwischenzeitlich in Ihrem Alltag im übertragenen Sinn die Füße wund werden sollten, eine Durststrecke ansteht oder das Wetter nicht so mitspielt, wie Sie es gerne hätten – erinnern Sie sich immer wieder daran, dass Sie auch auf Ihrem Camino solche Phasen erfolgreich überwunden haben.

Und weil man sich als Jakobsweg-Pilger im Allgemeinen duzt (zumindest habe ich es immer so erlebt), gehe ich nun ebenfalls zum vertrauensvollen „Du" über. Und danke Dir für Dein Vertrauen, dass ich Dich einen Teil Deines nun vor Dir liegenden Weges begleiten darf!

Ultreya & Buen Camino

wünscht Christina Bolte

Über die Autorin

Für **Christina Bolte** war der 2007 mehr zufällig und in ihrer damals üblichen Manier "rastlos" per Fahrrad absolvierte Jakobsweg Ausgangspunkt für eine radikale Wende im Leben.

In ihrem ersten Buch „Burnout – Vom Jakobsweg zurück ins Leben" (1. Auflage 2013, erschienen bei Books on Demand, ISBN: 978-3-7322-3655-8) erzählt sie humorvoll und selbstkritisch, wie es zu dieser Wendung kam. Sie berichtet dort von ihrem Camino und von ihrem Leben, das sie damals in einen Burnout geführt hatte. Und sie beschreibt – für die Leser nachvollziehbar – die weiteren Schritte auf ihrem Erkenntnisweg, die sie dahin brachten, ihren Lebenswandel von Grund auf zu verändern.

In ihrer aktuellen Tätigkeit als Beraterin für Unternehmens-Gesundheit verbindet sie ihre Kenntnisse aus ihrem früheren Wirtschaftsingenieur-Studium und Erfahrungen in der Industrie mit denen aus ihrer Tätigkeit als Heilpraktikerin und Balance-Lotsin®. Darüber hinaus ist sie ausgebildete Pilgerbegleiterin und absolviert derzeit ein nebenberufliches Studium in Spiritueller Theologie.

Abb. 1: Autorin Christina Bolte

In ihrer weiteren Tätigkeit mit Einzelpersonen ist es ihr oberstes Ziel, ihren Patienten und Klienten zu Gesundheit und einem neuen Lebensfokus zu begleiten – hin zu mehr Lebensfreude und einem neuen Wohlbefinden. Wichtig ist ihr dabei stets ein ganzheitlicher Ansatz, der den Menschen in all seinen Aspekten betrachtet. Somit kann der Heilungsprozess auf physischer, psychischer, emotionaler wie auch auf seelischer Ebene erfolgen.

Bei dieser Arbeit mit Klienten greift sie zurück auf die Kräfte der Natur – sowohl auf Basis von Jahrhunderte altem Erfahrungswissen als auch aktuellen naturheilkundlichen Erkenntnissen. Ferner bringt sie auch ihre Erfahrungen ein, die sie als Pilgerbegleiterin oder selbst als Pilgerin auf spanischen oder einheimischen Jakobswegen oder auf anderen Pilgerwegen gewann.

Ihr Motto, das sie durch unsere heutige ergebnisorientierte wie veränderungsreiche Lebensrealität begleitet, hat sie auf dem Jakobsweg gelernt. Nämlich: Der Weg ist das Ziel!

Weitere Informationen zur Autorin Christina Bolte findest Du auf ihrer persönlichen Webseite: http://www.christina-bolte.de/, von der Du zu weiteren Informationen über ihre Tätigkeiten im Einzelnen weitergeleitet werden kannst.

Gerne unterstützt sie die Leser dieses Buches (und natürlich andere Pilger) mit weiteren Angeboten, wie beispielsweise einem Online-Kurs oder einem kostenlosen Newsletter. Aber bietet sie auch denjenigen, die Wert auf einen persönlichen Kontakt legen, im Rahmen von Tagespilgerwanderungen oder Wochenend-Seminaren die Möglichkeit, ihre Erfahrungen und Erlebnisse vom Jakobsweg zu vertiefen.

Mehr Infos über ihre Angebote findest Du im Anhang auf Seite 91.

Allgemeines

Pilgern auf dem Jakobsweg erfreut sich steigender Beliebtheit – seit 2006 hat sich die Zahl der in Santiago de Compostela ankommenden Pilger mehr als verdoppelt, dabei sind die Deutschen nach den Spaniern gleich auf Platz 2[1]. Die meisten (56 %) dieser Pilger sind laut der Statistik des Pilgerbüros in Santiago in ihrer Lebensmitte, zwischen 30 und 60, und eine ähnlich große Anzahl (54,5 %) pilgert aus ‚religiösen und anderen' Gründen.

Was genau diese ‚anderen' Gründe sein mögen, wird vom Pilgerbüro in Santiago nicht erfasst. Aber wenn man sich unter seinen Mitpilgern so umhört, wird man feststellen, dass so mancher sich auf den (Jakobs-)Weg gemacht hat, weil innere oder äußere Rahmenbedingungen nach einer freiwilligen oder unfreiwilligen Veränderung rufen.

Gehörst auch Du zu denjenigen, bei denen sich der „Bruch" bzw. der Entschluss zu dieser Lebensveränderung schon vor dem Aufbruch gezeigt hatte – sei es in Form von Krankheiten oder Trennungen, ob vom Lebenspartner oder Arbeitgeber? Und Du möchtest diesen Schlussstrich, diese persönliche Veränderung nun bewusst mit und auf dem Camino einleiten? Quasi den Camino als „Verstärker" nutzen?

Oder gehörst Du eher zu denjenigen, die sich lange auf den Camino vorbereitet haben (z. B. weil zunächst noch ein anderes berufliches oder privates Projekt abgeschlossen werden wollte), um nun anschließend einen Neustart in eine veränderte Lebensphase einzuleiten?

Oder gehörst Du vielleicht zu denjenigen Menschen – wie ich damals bei meinem ersten Camino – die das Leben auf der unbewussten Suche nach ‚Etwas' oder nach einer sogenannten Erleuchtung auf den Camino geführt hat?

---

[1] Alle in diesem Absatz genannten Daten siehe:
http://www.pilgern.ch/jakobsweg/statistik.htm,
auf Basis der Daten des Pilgerbüros in Santiago von 2013, S. 2, 3, 7

Egal, welches Deine Beweggründe sind oder waren, die Dich – im besten Sinne des Wortes – bewegt haben, auf den Camino zu gehen: Es werden gute Gründe sein. Und vermutlich werden Dich genau diese Gründe auch weite Streckenabschnitte unterwegs begleitet und bewegt haben.

Wenn Du den Wunsch verspürst, die ganzen Gedanken, Impulse, Inspirationen und Anregungen, die Dir zu diesen Themen auf dem Jakobsweg oder auf welchem Wege auch immer zugelaufen sind, oder zumindest einen guten Teil davon, quasi als Souvenir für Deinen weiteren Lebensweg mit nach Hause zu nehmen – fühle Dich herzlich willkommen.

Dennoch sei Dir bewusst, dass dieses Buch ein Arbeitsbuch ist – das heißt, es ist keines, was lediglich einmal gelesen werden soll, um dann in einem Schrank zu verschwinden. Arbeitsbuch heißt, dass Du, lieber Leser[2], nicht nur Leser, sondern auch Co-Autor bist: Co-Autor eines Teiles Deines individuellen Lebensweges, der nun folgt. Somit schreiben wir in diesem Deinem Arbeitsbuch gemeinsam Deine neue Biografie, und dieses Buch wird zu einem ganz einmaligen Werk – das genau so einmalig ist wie Du.

Wie das Werk ausgeht, oder ob die ‚Geschichte' Dir gefällt, kann ich nicht sagen. Muss ich aber auch nicht. Für den Fall, dass es Dir nicht gefällt, gibt es zumindest zweierlei positive Aspekte: Erstens, dass Du jederzeit handelnd eingreifen kannst. Und zweitens, was noch besser ist:

„Nur wer seinen eigenen Weg geht, kann von niemandem überholt werden." (Marlon Brando)

---

[2] Aus Gründen der Lesbarkeit wird in diesem Text nur die männliche Form verwendet. Selbstverständlich sind aber immer sowohl Männer als auch Frauen angesprochen.

Was erwartet Dich in diesem Buch?

An dieser Stelle ist es mir wichtig, noch ein paar Punkte zur Verwendung dieses Buches zu sagen:

Zunächst einmal besteht dieses Buch aus Leseteilen und aus „Arbeitsteilen". Das sind die Teile, in denen Du als Co-Autor gefragt bist und die Dir bei der Reflektion helfen und Dich bei der Integration unterstützen sollen. Diese Beiträge kannst Du entweder in den dafür vorgesehenen Platz direkt ins Buch eintragen, oder Du verwendest dafür (D)ein eigenes Tagebuch oder separate Zettel.

Zwar lassen sich die Leseteile selbst innerhalb von wenigen Stunden durchlesen, aber so ist es nicht gedacht. Denn das Buch soll Dich über das erste halbe Jahr nach Deiner Rückkehr vom Jakobsweg begleiten. Bitte bearbeite daher immer nur diejenigen Seiten und Kapitel, die für Dich „gerade dran" sind.

Darüber hinaus ist dieses Buch gedacht als Nachbereitung Deines Jakobsweges. Es bietet Hilfe zur Selbsthilfe und ist – wie das bei Büchern so üblich ist – für ein breites Publikum geschrieben. Es ersetzt daher keinen Besuch beim Arzt, Heilpraktiker oder einem anderen Therapeuten. Solltest Du an bestimmten Erkrankungen leiden oder im Laufe der Zeit auf bestimmte Schwierigkeiten und Themen stoßen, möchte ich Dir raten, individuelle Unterstützung zu suchen, die auf Deine persönliche Situation abgestimmt ist.

Zum Abschluss noch eines: Es ist nicht meine Absicht, jemandem meine Gedanken überzustülpen. Alle Übungen in diesem Buch sind daher als Angebot und Einladung zu verstehen.

In diesem Sinne wünsche ich Dir *Buon Camino* – einen guten Weg.

Herzlichst,

Christina Bolte

Tipps & Impulse für unterwegs

Für den Fall, dass Du dieses Büchlein liest, bevor Du Dich auf den Weg machst...

... und bereits jetzt schon weißt, dass Du mit dem Jakobsweg einen neuen Lebensabschnitt einleiten möchtest, empfehle ich Dir das Führen eines Tagebuchs. Ob Du abends in der Herberge schreibst oder bei einer Rast zwischendurch, bleibt ganz Dir selbst überlassen, ebenso wie die Form oder ob elektronisch oder klassisch auf Papier.

Abb. 2: Kann auch gemütlich sein – die all-abendliche Reflexion

Das kann eine Art Ergebnisprotokoll sein (im Stil von „Startort, soundso viele Tageskilometer, soundso viele Stunden Gehzeit, Zielort") oder auch ein Erlebnisprotokoll (was Dir unterwegs Schönes oder Bewegendes erlebt hast oder über die Gespräche, die Du geführt hast). Wenn Du künstlerisch begabt bist, kannst Du auch genauso gut Deine Erlebnisse und Gedanken grafisch festhalten – oder Blumen darin sammeln oder oder oder. Wichtig ist, dass <u>Du</u> es regelmäßig umsetzen kannst. Denn es soll Dir und Deinen Gedanken später auf die Sprünge helfen.

Wenn Du eine Anregung brauchst, worüber die Du nachdenken kannst, empfehle ich Dir die folgenden Fragen:

1. Was ist mir heute passiert?
2. Wie (er)ging es mir dabei?
3. Wie bin ich damit umgegangen?
4. Kenne ich diese Situation aus meinem normalen Alltag zu Hause?

Vielleicht kann es auch für die erste Zeit nach Deiner Rückkehr hilfreich sein, wenn Du mit denjenigen Personen, mit denen Du auf dem Camino längere Zeit verbrachtest oder sehr intensive Gespräche führtest, in Kontakt bleibst. Natürlich gilt das erst recht für Deine Begleiter, mit denen Du sogar gemeinsam nach Santiago eingelaufen bist. Auch wenn sich der Camino sonst eher durch eine gewisse Unverbindlichkeit auszeichnet (man trifft sich, geht ein Stück zusammen und geht dann später auch wieder seines eigenen Weges) – tauscht einfach Eure Telefonnummern aus.

So könnt ihr euch auch nach dem Camino darüber austauschen, wie jeder von Euch seinen alten und/oder neuen Alltag erlebt, was ihm oder ihr gerade besonders leicht oder schwer fällt. Kurz gesagt, Du hast einen Gleichgesinnten zum Austauschen.

Wenn Du es Dir später wieder überlegst und doch keinen Kontakt möchtest, kannst Du ihn ja immer noch wieder beenden.

Ähnlich ist es auch mit Souvenirs. Auch wenn Du vielleicht, wie ich auch, dazu neigst, Souvenirs als sinnlose Staubfänger zu betrachten – es gibt viele Kleinigkeiten, die Dir dabei helfen können, Dich an den Jakobsweg zu erinnern. Am besten funktioniert dies mit Dingen, die unsere Sinne ansprechen, also hören, sehen, riechen, schmecken, fühlen.

Je nachdem, welches Deine „Lieblings-Sinne" sind (erfahrungsgemäß hat da jeder 1-2) können das eine CD mit keltischer Musik, Postkarten, Fotos, ein Schmuck- oder Kleidungsstück sein. Aber bestimmt fallen Dir noch viele weitere Möglichkeiten ein. Außerdem können auch Oliven, Rotwein und Pimientos de Padrón als „essbare" Souvenirs geeignet sein. Das Praktische ist, dass es diese auch in Supermärkten zu Hause oder beim Spanier um die Ecke gibt…

Gemäß der Lebensregel von Baltimore wünsche ich Dir an dieser Stelle: **„Geh Deinen Weg gelassen und ruhig inmitten des Lärms und der Hast dieser Zeit und erinnere Dich, welcher Frieden in der Stille liegt."**

Tipps & Impulse für die Rückreise

Abb. 3: Endlich da – Willkommen in Santiago

Herzlichen Glückwunsch! Nun bist Du also am Ziel Deines Weges – in Santiago de Compostella – angekommen. Falls Du es zeitlich nicht schaffst, noch ein paar Tage „dran zu hängen", um per pedes nach Finisterre oder Muxia bis zum westlichsten Zipfel Europas bis ans „Ende der Welt" zu laufen, dann empfehle ich Dir, zumindest für einen oder zwei Tage mit dem Bus dorthin zu fahren, denn es ist einfach eine ganz besondere Stimmung, vor allem eine ganz andere als in Santiago. Egal was Deine Pläne sind – die schwierigste Etappe steht Dir nun jedoch noch bevor: Der Weg zurück nach Hause und der Weg zurück ins Leben.
„Keiner kommt von einer Reise so zurück, wie er weggefahren ist"
wusste schon Graham Greene.

Jedenfalls macht unsere heutige, schnelllebige Zeit mittlerweile auch nicht mehr vor dem Pilgern halt. Die meisten Pilger, zumindest jene, die aktiv im Berufsalltag stehen, wollen ihre Urlaubstage optimal nutzen und räumen daher ihrer Rückreise nach Hause nur so viel Zeit ein wie unbedingt erforderlich. Viele nicht-spanische Pilger, die eine längere Heimreise haben, setzen sich nach ihrer Ankunft in Santiago (oder nachdem sie von Finisterre zurückgekommen sind) ins Flugzeug oder in die Bahn, um den langen Weg nach Hause möglichst schnell zu hinter sich zu bringen. Verständlich, man ist ja nun auch lange genug in durchgeschwitzten Klamotten durch die Gegend gelaufen und freut sich nun wieder auf sein eigenes Bett.

Dennoch hatte es auch Vorteile, dass man früher – wenn auch aus der Not heraus geboren – den ganzen Weg auch wieder zurück gelaufen ist. So hatte man nämlich genügend Zeit, das Erlebte zu verarbeiten und sich auf die Ankunft zu Hause vorzubereiten. Denn auch diese will vorbereitet sein. So nimm Dir ein wenig Zeit und lass Dich dabei von diesem Kapitel unterstützen.

Wenn Du nach Deiner Rückreise Deiner Familie, Deinen Freunden und/oder Deinen Kollegen begegnest – denn natürlich werden Dich viele Menschen fragen, was Du unterwegs erlebt hast oder wie es Dir ergangen ist – sei Dir bitte darüber im Klaren, dass <u>Du</u> diese Deine Erfahrungen auf dem Jakobsweg gemacht hast, das Umfeld jedoch nicht.

Wenn Du also jemandem, der noch nie gepilgert ist, von Deiner Reise erzählst, sei Dir bewusst, dass vielen Außenstehenden das Erlebte, was Dir jetzt normal und gewohnt erscheint, fremd und unwirklich vorkommen mag. So wie Dir vielleicht auch die eine oder andere Begebenheit in Deinem Alltag, die Dir vor Deinem Jakobsweg völlig normal erschien, nun seltsam, unwirklich oder „wie im falschen Film" erscheinen mag.

Deshalb heißt es nun, den „neuen Menschen", den Du während Deiner langen Pilgerreise in und bei Dir selbst entdeckt hast, auch (wieder) in Dein Leben, Deinen Alltag zu integrieren. Das gleiche gilt natürlich auch für die vielen Gedanken, Anregungen und Impulse, die Du auf dem Jakobsweg erhalten hast, oder die Dir auf anderem Wege ‚zugelaufen' sind.

Worte & Gedanken

Pilgerweg & Rückweg – ist das ein Gegensatz oder gehört es irgendwie doch zusammen? Nun, wenn es nach den Autoren der vielen Bücher geht, die über den Jakobsweg geschrieben haben, ist das Entscheidende natürlich der Weg. Dort passiert einem (ich übertreibe jetzt natürlich etwas) wahlweise etwas Skurriles, mitunter auch etwas Heilsames (wenn man vorher zu Hause etwas Schlimmes erlebt hatte) oder gelegentlich auch eine Erleuchtung. Außerdem gibt es Menschen, die sich auf einem Seminar oder Ähnlichem auf ihren Pilgerweg vorbereiten. Für manche Menschen ist das eine große Hilfe auf ihrem Weg.

Natürlich wird es auch Menschen geben, für die der Jakobsweg nur ein weiterer Wellness- oder Sporturlaub ist und für die das Leben anschließend weiter geht wie vorher. Aber ich gehe davon aus, dass das ja auf Dich sicherlich nicht zu trifft, denn sonst hättest Du Dir ja nicht dieses Buch gekauft.

Meiner persönlichen Meinung nach – und so habe ich es selbst auch nach meinem ersten Jakobsweg erlebt – ist die Zeit NACH der Rückkehr vom Jakobsweg, also der Rückweg in den Alltag (wie lange auch immer er dauern mag) mindestens genauso wichtig, wie der Weg an sich. Mein Rückweg hat mindestens fünf Jahre gedauert, bis ich annähernd das Gefühl hatte, „auf dem richtigen Weg" zu sein…

Und denke daran:
„Wege, die in die Zukunft führen, liegen nie als Wege vor uns. Sie werden zu Wegen erst dadurch, dass wir sie gehen." (Franz Kafka)

Reflexion

Mit den nachfolgenden Fragen möchte ich Dich unterstützen, Deine Rückkehr möglichst bewusst zu gestalten. Wenn Deine zeitliche Reiseplanung schon feststeht, so zumindest was die mentale Ausrichtung betrifft.

Bitte beantworte die Fragen so klar wie möglich, damit Du Dich auch noch später erinnern kannst, was Du gemeint hast.

Was waren oder sind gerade Deine größte Hoffnungen bzw. Erwartungen für die Zeit nach Deiner Rückkehr? (z. B. bestimmte Personen, Ziele, Wünsche…)

- _____
- _____
- _____
- _____

Wer oder was kann Dich dabei unterstützen, dies(e) bestmöglich zu realisieren?

- _____
- _____
- _____
- _____

Was waren oder sind gerade Deine größten Ängste bzw. Befürchtung(en) für die Zeit nach Deiner Rückkehr? (z. B. bestimmte Personen, Situationen, eigene Gedanken oder Verhaltensmuster…)

- _____
- _____
- _____
- _____

Wer oder was kann Dich dabei unterstützen, dies(e) bestmöglich zu verhindern oder zu vermeiden?

- _____
- _____
- _____
- _____

Mein „Jakobsweg-Moment"

An dieser Stelle mache Dir noch einmal bewusst, was für Dich das wichtigste, erbauendste oder auch bewegendste Erlebnis war, sozusagen die Essenz Deines Jakobsweges. Vielleicht war es auch eine Emotion – oder Du hattest auch eine Art „Vision" oder einen Traum hinsichtlich Deines zukünftigen Lebens, welche(s) Du für Dich auf jeden Fall „bewahren" und in Dein Leben integrieren möchtest.

Vielleicht war es ein wenig so, als ob Du Dich selbst aus einer Art Hubschrauber-Perspektive gesehen hast, oder als ob Du einen Vorgeschmack auf eine mögliche Zukunft bekommen hast (in etwa so als ob Du ein Computerspiel als absoluter Sieger beenden konntest, so, wie Du es noch nie zuvor erlebt hast). Oder ob Du einen Blick auf etwas werfen durftest, das für Dich und in Deinem Leben geboren werden möchte oder sogar schon bereits im Entstehen ist.

Es ist an der Stelle völlig egal, wie verrückt oder utopisch dieser Gedanke Dir gerade erscheint. Ebenso ist es gleich, wie verrückt oder utopisch es Dir vorkommt, dies hier auch noch aufzuschreiben. Schreibe es in jedem Fall hier auf, damit Du es nicht vergisst. Wir werden später noch darauf zurückkommen.

_____
_____
_____

_____
_____
_____
_____
_____
_____
_____
_____
_____
_____
_____
_____

Vielleicht fällt es Dir auch leichter, diesen Moment oder die Essenz oder Deine Vision in einem Bild auszudrücken – denn manchmal lassen sich Erfahrungen dieser Art nur unzureichend mit Worten ausdrücken.

Dann hast Du hier nun entweder den Platz für ein selbst gemaltes Bild, etwas Gebasteltes oder ein Foto. Lass Deinem künstlerischen Ausdruck freien Lauf:

Tipps & Impulse für die ersten Tage nach der Rückkehr

Worte & Gedanken

Nun bist Du also wieder zu Hause angekommen. Aus eigener Erfahrung weiß ich, dass die Verlockung, all die zu Hause liegengebliebenen Dinge, wie Wäsche, Post, Emails am liebsten sofort zu erledigen ziemlich groß sein kann (es sei denn man hat das Glück, dieses delegieren zu können).

Auch Dir nahestehende Menschen werden möglicherweise an Deinen Erlebnissen und Erfahrungen partizipieren wollen – was dann nicht so einfach ist, wenn Du sie für Dich selbst noch gar nicht vollständig einsortiert und reflektiert hast.

Deshalb möchte ich Dir empfehlen, Deine Rückreise und die darauf folgenden Tage so zu planen, dass Du nicht gleich am nächsten Tag wieder völlig vom Alltag überrollt oder zugeschüttet wirst. Das heißt konkret, Dir die ersten Tage nicht gleich zu viele Aktivitäten und Erledigungen aufzuerlegen, sondern Dir möglichst viele zeitliche Freiräume einzuplanen, damit der Camino und die Erlebnisse noch etwas „nachschwingen" können. Keine Angst, erfahrungsgemäß laufen weder die dreckige Wäsche von der Reise noch die gefühlten 1.000 Emails in der Arbeit davon.

Mit dem Freiraum zum Nachschwingen lassen gibst Du Deiner Jakobsweg-Erfahrung die Möglichkeit zu wachsen, sich auszudehnen und zu entfalten – so in etwa, wie Schmetterling, der sich aus seiner Puppe freikämpft, aber ein bisschen Zeit braucht, bevor seine Flügel voll entfaltet und tragfähig sind.

„Je schöner und voller die Erinnerung, desto schwerer ist die Trennung. Aber die Dankbarkeit verwandelt die Qual der Erinnerung in eine stille Freude. Man trägt das vergangene Schöne nicht wie einen Stachel, sondern wie ein kostbares Geschenk in sich", wird Dietrich Bonhoeffer zitiert.

Ein Teil dieses Geschenks sind die schönen – wenn auch möglicherweise für Dich neuen – Aspekte und Lebenseinstellungen, die Du auf Deinem Jakobsweg kennengelernt hast. Der Autor der bekannten Jakobsweg-Führer aus dem Outdoor-Verlag, Raimund Joos, hat daneben noch ein weiteres Buch geschrieben: „Warum der Schuh beim Gehen weiter wird", in dem er diese sowohl inneren als auch äußeren Pilgerprinzipien oder auch Grundhaltungen beim Pilgern beschreibt.

Dass diese beim Pilgern vonnöten sind, mag leicht einleuchten – und wie Du sie in Deinem Alltag weiter praktizieren kannst, darum wird es unter anderem in den folgenden Kapiteln gehen.

Achtung, Unebenheiten

Den Wahrheitsgehalt des einleitenden Aphorismus' von Seneca, dass der Weg von der Erde zu den Sternen nicht eben ist, wirst Du sicherlich auch auf Deinem Pilgerweg nach Santiago gespürt haben – sei es in Form geografischer oder auch emotionaler Höhen und Tiefen. Auf den vorangegangenen Seiten hast Du Deine Vision von Deinen neuen ‚Sternen' beschrieben.

Doch diese Erfahrung, die Du gemacht hast, soll ja nicht nur eine Vision bleiben, sondern, wie Harald Walach[3] schreibt: Sie „will ins Leben gebracht, verwirklicht und umgesetzt werden, und dies in einem Umfeld, das oft alles andere als mit dieser Erfahrung kompatibel ist." Genau deshalb ist es gut möglich, dass Dir auch auf Deinem Weg dorthin die eine oder „Unebenheit" begegnen wird. Das alles gehört zum Weg dazu, sowohl zum Hinweg als auch zum Rückweg. Nicht zuletzt wusste schon Reinhold Schneiders: **„Der Weg wächst beim Gehen unter deinen Füssen, wie durch ein Wunder."**

Solltest Du zwischenzeitlich den Glauben an Wunder verlieren, weil Du das Gefühl hast, gar nicht voran zu kommen – darfst Du kurz ins Kapitel Gegenwind & Nebelbänke auf Seite 80 vorspringen.

---

[3] Walach, Harald: Spiritualität, 2011, S. 57 (siehe Literatur-Hinweis im Anhang)

Taten

Um Dir die Rückkehr in Deinen Alltag zu erleichtern – oder (je nachdem wie Du willst) noch länger von Deinem Jakobsweg-Virus befallen zu sein, kannst Du nun einiges tun – nämlich Dir Deine persönlichen Jakobsweg-Momente in den Alltag einbauen.

Ich stelle hier nur exemplarisch zwei Möglichkeiten vor – sollten Dir weitere einfallen, freue ich mich sehr über Zuschriften, um sie in folgenden Auflagen mit aufnehmen zu können.

Erinnerungen

Kreiere Dir – wie es zwei Engländerinnen, die ich Padrón in der Pilgerherberge traf, einmal nannten – Deine „persönliche Memory-Box". Sammele Deine schönen Momente, Erinnerungen, Bilder, Postkarten oder Gedanken entweder in Deinem Kopf oder auch real, zum Beispiel in einem kleinen Büchlein – nicht nur Deinen einen großen „Jakobsweg-Moment" sondern viele schöne kleine. Am besten beginnst Du gleich in Santiago, oder wo auch immer Du Deine Reise beendest.

Das könnte zum Beispiel eine schöne CD mit keltischer Musik oder mit anderen Liedern sein oder ein Souvenir, die Dich an den Jakobsweg erinnert. Oder Du verwendest ein paar schöne Fotos von Deinem Pilgerweg als Bildschirmschoner auf dem PC.

Oder vielleicht hast Du ohnehin auf Deinem Pilgerweg schon Tagebuch geführt. Diese Memory-Box und/oder das Tagebuch dient dazu, dass Du sie dann in stressigen oder schwierigen Zeiten herausholen und Dich wieder an die schönen, starken, positiven oder kraftvollen Momente des Jakobswegs erinnern kannst, um wieder Kraft für Deine Aufgaben im Alltag zu schöpfen.

Wenn Du schon ein wenig Übung hast in der Anwendung von Coaching-Techniken, kannst Du Dir diese schönen Momente auch mental, z. B. über eine Meditation oder Bewusstseinsübung in Deinem Körper verankern.

Dankbarkeit

„Dankbarkeit ist eine Gabe, die das Glück erst vollkommen macht."
(Günter Goepfert)

Auf dem Jakobsweg hast Du möglicherweise gelernt, für viele „kleine" Dinge dankbar zu sein: Eine warme Dusche, saubere Kleidung, ein Getränk nach längerer Durststrecke – oder auch nur ein Nachlassen Deiner Schmerzen.

Dankbarkeit zu üben, nicht nur auf dem Camino, sondern auch im Alltag, verstärkt das Bewusstsein für all die kleinen und großen Geschenke und Freuden in Deinem Leben.

So kannst Du Dir auch im Alltag einmal die Zeit nehmen, z. B. in der Mittagspause oder während Du auf einen Bus wartest, innezuhalten und die Schönheiten und Wunder der Natur zu bestaunen: Das bunte Herbstlaub, das schon am Boden liegt und Dich vielleicht daran erinnert, wie Du als Kind immer mit schier endloser Begeisterung in solche Blätterhaufen hineingehüpft bist und die trockenen Blätter voll Freude in die Luft geworfen hast. Oder die ersten Blumen, die im Frühling durch den Schnee scheinen, der Regenbogen am Himmel, an einem Tag, an dem Du Dich schon darüber ärgerst, dass das Wetter nun schon zum dritten Mal von Sonnenschein auf Regen wechselt.

Oder wann hast Du das letzte Mal die Leistungsfähigkeit Deines Körpers bestaunt? Erinnere Dich an die Funktionsfähigkeit und Ausdauer, mit der Du den Jakobsweg absolviert hast. Es ist der gleiche Körper, die gleiche Leistungsfähigkeit, mit der Du Deinen täglichen Alltag verrichtest. Ist das etwa kein Wunder? Danke Deinem Körper, danke Deinen Organen – für die Kontinuität und auch für die Duldsamkeit, mit der sie ertragen, was Du ihnen manchmal antust (für stundenlanges Sitzen in schlecht klimatisierten Büros beispielsweise ist der menschliche Körper übrigens gar nicht konstruiert...)

Um das Ganze nun etwas praktisch zu gestalten, möchte ich hier die Geschichte von den Glücksbohnen mit Dir teilen, die mir in dieser oder so ähnlicher Version von verschiedenen Seiten zugetragen wurde, so dass ich den eigentlichen Verfasser nicht eindeutig habe identifizieren können:

„Geschichte von den Glücksbohnen:

Es war einmal ein Bauer, der steckte jeden Morgen eine Handvoll Bohnen in seine linke Hosentasche. Immer, wenn er während des Tages etwas Schönes erlebt hatte, wenn ihm etwas Freude bereitet oder er einen Glücksmoment empfunden hatte, nahm er eine Bohne aus der linken Hosentasche und gab sie in die rechte.

Am Anfang kam das nicht so oft vor. Aber von Tag zu Tag wurden es mehr Bohnen, die von der linken in die rechte Hosentasche wanderten. Der Duft der frischen Morgenluft, der Gesang der Amsel auf dem Dachfirst, das Lachen seiner Kinder, das nette Gespräch mit einem Nachbarn – immer wanderte eine Bohne von der linken in die rechte Tasche.

Abb. 4: Die Glücksbohnen

Bevor er am Abend zu Bett ging, zählte er die Bohnen in seiner rechten Hosentasche. Und bei jeder Bohne konnte er sich an das positive Erlebnis erinnern. Zufrieden und glücklich schlief er ein – auch wenn er einmal nur eine Bohne in seiner rechten Hosentasche hatte."

Egal, ob Bohnen oder etwas anderes (Steinchen, kleine Perlen, Münzen, Kastanien, Reiskörner oder was auch immer) – es geht einfach darum, einen fokussierten Blick auf die kleinen Glücksmomente zu bekommen, die wir sonst vielleicht nicht wahrnehmen.

Kommen wir nun zu den konkreten Unterstützungsfragen...

Fragen zur Integration

Tag 1 nach der Rückkehr:

Heute ist _____ (hier bitte das Datum eintragen).

Heute habe ich mir Zeit genommen und folgende Dinge gemacht, um mich an meine Erlebnisse & Erfahrungen auf den Jakobsweg zu erinnern:

- _____
- _____
- _____,

und habe Folgendes unterlassen, um nicht so schnell im Alltagstrott zu versinken:

- _____
- _____
- _____.

Heute habe ich mich an folgende Dinge oder Personen meines Caminos erinnert:

- _____
- _____
- _____

Und dann Folgendes getan:

- _____
- _____
- _____
- _____

Ich war dankbar für:

- _____
- _____
- _____

Wenn ich daran denke, meinen persönlichen „Jakobsweg-Moment" in die Realität umzusetzen, dann fühle ich mich – und warum:

- _____
- _____
- _____
- _____

Heute habe ich _____ Glückbohnen (oder Ähnliches) gezählt.

Tag 2 nach der Rückkehr:

Heute ist _____ (hier bitte das Datum eintragen).

Heute habe ich mir Zeit genommen und folgende Dinge getan, um mich an meine Erlebnisse & Erfahrungen auf dem Jakobsweg zu erinnern:

- _____
- _____
- _____

und habe Folgendes unterlassen, um nicht so schnell im Alltagstrott zu versinken:

- _____
- _____
- _____

Heute habe ich mich an folgende Dinge oder Personen meines Caminos erinnert:

- _____
- _____
- _____

Und dann Folgendes getan:

- _____
- _____
- _____

Ich war dankbar für:

- _____
- _____
- _____

Heute habe ich _____ Glückbohnen (oder Ähnliches) gezählt.

Abb. 5: Spanische Tapas: ¡Que aproveche!

Tag 3 nach der Rückkehr:

Heute ist _____ (hier bitte das Datum eintragen).

Heute habe ich mir Zeit genommen und folgende Dinge getan, um mich an meine Erlebnisse & Erfahrungen auf dem Jakobsweg zu erinnern:

- _____
- _____
- _____

und habe Folgendes unterlassen, um nicht so schnell im Alltagstrott zu versinken:

- _____
- _____
- _____

Heute habe ich mich an folgende Dinge oder Personen von meinem Camino erinnert:

- _____
- _____
- _____

Und dann Folgendes getan:

- _____
- _____
- _____

Ich war dankbar für:

- _____
- _____
- _____

Und nun erinnere Dich noch einmal an Deinen persönlichen „Jakobsweg-Moment" – stelle Dir jede Einzelheit bis ins letzte Detail vor und führe sie Dir vor Dein inneres Auge. Oder empfinde noch mal nach, wie sich Dein Körper, Deine Muskeln, Deine Organe in dem Moment angefühlt haben – fühlen sie sich auch in Deiner Erinnerung noch so an? Falls nicht, spüre noch mal genau hin...

Um das Bild oder die Situation aus meinem persönlichen „Jakobsweg-Moment" in die Realität umzusetzen, brauche ich Folgendes (z. B. eine Ausbildung, bestimmte Fähigkeiten):

- _____
- _____
- _____
- _____

Heute habe ich _____ Glückbohnen (oder Ähnliches) gezählt.

Tag 4 nach der Rückkehr:

Heute ist _____ (hier bitte das Datum eintragen).

Heute habe ich mir Zeit genommen und folgende Dinge getan, um mich an meine Erlebnisse & Erfahrungen auf dem Jakobsweg zu erinnern:

- _____
- _____
- _____

und habe Folgendes unterlassen, um nicht so schnell im Alltagstrott zu versinken:

- _____
- _____
- _____

Heute habe ich mich an folgende Dinge oder Personen von meinem Camino erinnert:

- _____
- _____
- _____

Und dann Folgendes getan:

- _____
- _____
- _____

Ich war dankbar für:

- _____
- _____
- _____

Und auch heute stelle Dir wieder bildhaft Deinen Jakobsweg-Moment vor Augen – spüre noch mal ganz genau in die Situation hinein: Wie hast Du gestanden oder gelegen, wie hast Du Dich gefühlt oder was hast Du gesagt? Wie war die Hand- oder Fußstellung, wie Dein Gesichtsausdruck? Oder: Was siehst Du aus dieser Position heraus?

Wie geht es Dir heute, wenn Du Dich ganz exakt genauso „skulptierst", wie in dem Bild vor Deinem inneren Auge?

_____

_____

_____

_____

_____

Heute habe ich _____ Glückbohnen (oder Ähnliches) gezählt.

Tag 5 nach der Rückkehr:

Heute ist _____ (hier bitte das Datum eintragen).

Heute habe ich mir Zeit genommen und folgende Dinge getan, um mich an meine Erlebnisse & Erfahrungen auf dem Jakobsweg zu erinnern:

- _____
- _____
- _____

und habe Folgendes unterlassen, um nicht so schnell im Alltagstrott zu versinken:

- _____
- _____
- _____

Heute habe ich mich an folgende Dinge oder Personen meines Caminos erinnert:

- _____
- _____
- _____

Und dann Folgendes getan:

- _____
- _____
- _____

Ich war dankbar für:

- _____
- _____
- _____

Wenn ich an meinen persönlichen „Jakobsweg-Moment" denke, dann fallen mir folgende Menschen ein, die mich bei der Umsetzung unterstützen könn(t)en:

- _____
- _____
- _____
- _____

Heute habe ich _____ Glückbohnen (oder Ähnliches) gezählt.

Tag 6 nach der Rückkehr:

Heute ist _____ (hier bitte das Datum eintragen).

Heute habe ich mir Zeit genommen und folgende Dinge getan, um mich an meine Erlebnisse & Erfahrungen auf dem Jakobsweg zu erinnern:

- _____
- _____
- _____

und habe Folgendes unterlassen, um nicht so schnell im Alltagstrott zu versinken:

- _____
- _____
- _____

Heute habe ich mich an folgende Dinge oder Personen von meinem Camino erinnert:

- _____
- _____
- _____

Und dann Folgendes getan:

- _____
- _____
- _____

Ich war dankbar für:

- _____
- _____
- _____

Heute habe ich _____ Glückbohnen (oder Ähnliches) gezählt.

Abb. 6: Kathedrale in Santiago de Compostella

Tag 7 nach der Rückkehr:

Heute ist _____ (hier bitte das Datum eintragen).

Heute habe ich mir Zeit genommen und folgende Dinge getan, um mich an meine Erlebnisse & Erfahrungen auf dem Jakobsweg zu erinnern:

- _____
- _____
- _____

und habe Folgendes unterlassen, um nicht so schnell im Alltagstrott zu versinken:

- _____
- _____
- _____

Heute habe ich mich an folgende Dinge oder Personen von meinem Camino erinnert:

- _____
- _____
- _____

Und dann Folgendes getan:

- _____
- _____
- _____

Ich war dankbar für:

- _____
- _____
- _____

Und auch heute stelle Dir wieder bildhaft Deinen Jakobsweg-Moment vor Augen – spüre noch mal ganz genau in die Situation hinein: Wie hast Du gestanden oder gelegen, wie hast Du Dich gefühlt oder was hast Du gesagt?

Wie geht es Dir heute, wenn Du Dich ganz exakt genauso „skulptierst", wie in dem Bild vor Deinem inneren Auge?

Falls Du das Gefühl hast, es stimmt noch nicht überein, tritt noch mal gedanklich aus der Szene und betrachte diese vor Deinem inneren Auge noch einmal…

_____
_____
_____
_____
_____

Heute habe ich _____ Glückbohnen (oder Ähnliches) gezählt.

Wochenrückblick – der ersten Woche nach der Rückkehr

Bitte beantworte die folgenden Fragen spontan und ohne großes Nachdenken. Damit gibst Du Deinem Unterbewusstsein eine Chance, Dich bei Deinem weiteren Weg zu unterstützen.

Wenn ich an meinen Jakobsweg zurückdenke, denke ich an/daran:

_____

_____

_____

Von dem, was ich auf dem Camino erlebt habe, vermisse ich am meisten dieses:

_____

_____

_____

Während ich froh bin, dass ich dieses nicht mehr erleben muss:

_____

_____

_____

In Bezug auf meinen Pilgerweg auf dem Jakobsweg geht es mir in Summe:

_____

_____

_____

_____

_____

Wenn ich an meinen persönlichen „Jakobsweg-Moment" denke, und an die Fähigkeiten, Personen & Situationen denke, die mir auf dem Weg zur Umsetzung begegnen können – und während ich mich mit jeder Faser meines Körpers in diesen Moment „hineinfühle" und mir jetzt vorstelle, er wäre nun bereits Realität worden, dann geht es mir so:

_____
_____
_____
_____
_____

Tipps & Impulse für die ersten Wochen nach der Rückkehr

Auf dem Jakobsweg bist Du sicherlich vielen Menschen begegnet, denen Du in Deinem ‚normalen' Leben wohl eher nicht begegnet wärest – Menschen anderer Nationalität, anderer Muttersprache, Menschen mit einem anderen beruflichen Background und/oder Menschen mit einer anderen Lebenseinstellung. Manchmal sind diese nur ‚anders', manchmal sind diese aber auch ‚sehr anders'.

Dafür hast Du Dich geöffnet – für Neues, für Ungewohntes, auch für Fremdes oder Beängstigendes. Mal mehr, mal weniger. Klar tut es zunächst einmal weh, sich Ungewohntem oder Beängstigendem zu stellen, konfrontiert es uns doch erst einmal sehr klar mit den Grenzen unseres bisher gut funktionierenden Weltbildes. Offenheit bedeutet, sich dafür zu öffnen. Heißt zunächst einmal, diese Konfrontation wahrzunehmen im Sinne des Wortes: Zulassen, dass es dieses Andere, Fremde, Beängstigende und die eigenen Grenzen auf dieser Welt gibt.

Sich diesem Sachverhalt zu öffnen, bedeutet, in der Begegnung mit dem Fremden „präsent" zu bleiben, und auch wenn es uns zunächst einmal seltsam erscheint weiterhin zuzuhören. Dies bietet uns die Chance, neue Sichtweisen, Lebensmodelle oder Einstellungen kennenzulernen, anstatt sich immer nur sein altes, seit Jahren bekanntes Weltbild bestätigen zu lassen.

Abb. 7: Dem eigenen Schatten begegnen

Wenn Du Deinen Jakobsweg gegangen bist, weil Du das Gefühl hattest, in Deinem bisherigen Leben würde „Etwas" fehlen, bietet Offenheit für das, was kommt, Dir die Chance, diesem „Etwas" zu begegnen, ja, es kennen zu lernen. Dabei beinhaltet Offenbleiben insofern auch ein Fünkchen Neugier. Neugier auf das, was sich zeigt, wenn man dem Ungewohnten oder auch dem Ungeliebten begegnet (wie zum Beispiel den eigenen Schattenseiten).

„Aha!", empfahl eine meiner spirituellen Lehrerinnen als geeignete Grundhaltung für solche Situationen immer, oder: „Sieh an!" Hinschauen – wahrnehmen – annehmen. Bewertungsfrei.

Offen sein für Anderes, Neues – und gleichzeitig den eigenen Weg fortsetzen. Manchmal wird uns dieses Neue bereichern, weil es uns berührt oder wir eine neue Perspektive oder eine neue Einsicht erlangt haben. Dann war es ein Geschenk: „Danke dafür." Wenn es uns nicht gefällt, was wir in diesem Moment erfahren, können wir immer noch „Nein danke" sagen und die Begegnung so schnell wie möglich im Geiste abhaken.

Aber wer weiß, ob wir dann nicht zumindest dem Gegenüber in Erinnerung geblieben sind...

Wenn man sich (wie eben beschrieben) öffnet, nicht nur für die Begegnung mit anderen Menschen, sondern auch für das, was sie uns zu erzählen, zu sagen haben – ist es meistens sehr bereichernd für beide Seiten: Die eine Person, die sich von den Worten einer anderen Person berühren, bewegen lässt – die andere Person, die uns etwas gesagt hat und spürt, dass uns das Gesagte nicht kalt lässt. Dieser Aspekt der Begegnung, den Du sicherlich auf dem Jakobsweg erlebt hast, ist die Berührbarkeit. Damit meine ich natürlich nicht, alles und jeden anfassen zu müssen, so wie es kleine Kinder gerne versuchen, um die Welt im Wortsinn zu ‚be-greifen'.

Worte & Gedanken

Sich Berühren lassen

An dieser Stelle möchte ich Dich vielmehr dazu einladen, Dich emotional berühren zu lassen – also etwas, was ganz und gar unüblich ist in unserer heutigen Zeit, wo viele Menschen sehr stark darum bemüht sind, einen perfekten Eindruck zu hinterlassen. ‚Perfekt' oder makellos zu sein, hat für mich etwas von einer Lackschicht, mit der früher die Porzellanpüppchen lasiert wurden. Es vermittelt einen gewissen Glanz, bedeutet aber in gewisser Hinsicht ganz häufig auch – ob beabsichtigt oder nicht – eine Art von Unnahbarkeit oder Distanz gegenüber anderen Menschen. Schließlich traut sich nicht jeder, es mit jemandem ‚Perfekten' aufzunehmen, denn so würde die eigene Unvollkommenheit ja noch betont.

Es mag in erster Linie wie ein Nachteil aussehen, wenn man es gewohnt ist, sich hart und unbeeinflussbar zu zeigen. Aber indem wir hin-hören und hin-sehen anstatt wegzuhören und wegzusehen, machen wir uns empfänglich. Wir sind quasi „durchlässig" für die Befindlichkeiten, Geschichten, Emotionen unserer mehr oder auch weniger nahestehenden Mitmenschen. Zum Beispiel wenn wir einem Verkäufer einer Obdachlosen-Zeitschrift wirklich begegnen, oder der dunkelhäutigen hochschwangeren Frau, für die in der U-Bahn niemand außer Dir seinen Sitzplatz aufgeben möchte. Das ist recht häufig etwas, was uns fremd oder etwas unangenehm ist – Armut vielleicht oder etwas, was uns zunächst einmal konsterniert. Durch die Begegnung mit der anderen Person und den dadurch ausgelösten Gefühlen und Reaktionen begegnen wir auch einem fremden oder unangenehmen Anteil in uns selbst. Deshalb wissen wir auch zunächst einmal nicht, damit umzugehen, es nicht einzusortieren, mitunter macht es uns auch Angst. Das fühlt sich weder angenehm an, noch ist es einfach. Die Situation fordert uns auf, unsere Komfortzone zu verlassen.

Zum Glück bedeutet aber unsere Komfortzone zu verlassen auch Erweiterung. Indem wir uns berührbar machen (und uns nicht nur so zeigen), fühlen wir mit. Dies macht uns weich – und nahbar, aber auch formbarer, wie auch Wasser einen Schwamm oder ein Stück Papier aufweicht. Und dadurch werden wir größer, „weiter".

Manchmal ist diese Art der Berührung sogar auch genau das, was im Leben eines Menschen einen Unterschied gemacht hat...

Taten

So, wie Du Dir im letzten Kapitel mit der „Memory-Box" und den Dankbarkeitsübungen wieder Deine persönlichen Jakobsweg-Momente in den Alltag eingebaut hast, möchte ich hier nun zwei weitere Möglichkeiten vorstellen, um Dir zu helfen, das ‚Camino-Feeling' in Deinem Alltag zu verstärken:

Pilger-Tage im Alltag

Was sich großartig oder kompliziert anhört, ist eigentlich ganz einfach. Erinnere Dich, wie Du auf dem Jakobsweg eine kleine oder große Weile für nichts und niemanden erreichbar warst? Sei es, dass Du gerade durch ein Funkloch gelaufen bist oder das Telefon sogar komplett ausgestellt hattest.

Probiere das doch nun auch mal zu Hause – und mache Dir einen handy-freien Tag zur Gewohnheit (falls Du beruflich selbständig tätig bist: nicht nur einen handy- sondern gleich einen komplett arbeitsfreien Tag!) – so wie es beispielsweise im Judentum der Sabbat ist, an dem man sich einen ganzen Tag lang nur Zeit für sich und die Familie nimmt, spazieren oder wandern geht oder auch eine andere Form des Gottesdienstes besucht.

Apropos **Gottesdienst** oder auch **Spiritualität:**
Wenn Du auf Deinem Jakobsweg wieder in Kontakt mit Deinem Glauben oder mit Gott gekommen sein solltest, hast Du Dir schon überlegt, ob und wie Du diesen auch in Deinem Alltag vertiefen kannst? Ob Du ihm dankst oder mit ihm redest, ob Du es „Gebet" oder „Wünsche an das Universum" nennen magst, ist ganz unerheblich. Wichtig ist aus meiner Sicht vor allem zweierlei: Dass Du eine für Dich zugängliche Form gefunden hast und dass Du es offenen Herzens praktizierst.

Einfachheit

Auf Deinem Jakobsweg hast Du (sehr wahrscheinlich) die Einfachheit kennenlernen dürfen. Einfachheit ist etwas Anderes als Askese: Askese hat viel mit Entsagung, freiwilliger Enthaltsamkeit, mit Verzicht oder mitunter auch mit Selbstquälerei zu tun.

Eine Facette von Einfachheit hingegen ist z. B. nur das Nötigste im Rucksack dabei zu haben, maximal so viel wie Du tragen kannst. Auf Deinem Jakobsweg wirst Du gemerkt haben, mit wie wenig Materiellem Du auskommen kannst. Und vielleicht hast Du auch für Dich festgestellt, dass eine auf das Wesentliche reduzierte Auswahl die alltäglichen Entscheidungsprozesse (wie beispielsweise Fragen wie: „Was ziehe ich heute an?" oder „Was packe ich ein?") sehr vereinfacht und somit das Leben sehr ent-stresst.

Oder Du hast vielleicht gemerkt, wie viele Dinge Du in Deinem Rucksack „nur für den Notfall" oder „für alle Fälle" mit dabei hattest, ohne sie wirklich benötigt zu haben. Kennst Du das aus Deinem Leben? Wie viele Dinge hebst Du „für alle Fälle" auf oder „weil Du sie ja noch einmal benötigen könntest"?

Folgende Dinge trage ich häufig „nur für den Notfall" mit herum, ohne sie wirklich zu benötigen:

_____

_____

_____

Aufgabe:
Nimm Dir gleich heute oder am kommenden Wochenende ein Zimmer oder einen Schrank Deines Hauses oder Deiner Wohnung vor und überprüfe, was von dessen Inhalt Du wirklich noch benötigst. Welche Dinge hast Du primär noch aus nostalgischen oder sentimentalen Gründen aufbewahrt, oder weil Du sie einmal geschenkt bekommen hast, die Dich aber nie wirklich erfreut haben, was Du dem Schenkenden aber nicht wissen lassen mochtest? Welche Dinge bewahrst Du aus der Furcht heraus auf, sie „irgendwann noch einmal brauchen" zu können?

> Hier hat sich die 1-Jahres-Regel bewährt: Alles was Du länger als ein Jahr nicht benutzt hast, kannst Du guten Gewissens entsorgen, denn die Wahrscheinlichkeit, dass Du es im kommenden Jahr benötigen wirst, ist äußerst gering.
> (Als Hintertürchen für diese Aufgabe ist es möglich, die Sachen zunächst einmal im separaten Karton im Keller zwischen zu lagern. Aber keine Angst, der kommt auch irgendwann dran!)

Fakt ist, Dinge auszumisten, die man nicht (mehr) braucht, ist ungemein befreiend – auch, wenn man anfangs sein schlechtes Gewissen gegenüber einem eventuellen Schenkenden überwinden muss. Darüber hinaus kannst Du, wenn Du gerne auf Flohmärkte gehst, das ganze Zeug auch verkaufen – und Dir von den Erlösen etwas Schönes gönnen (vorzugsweise etwas, was nicht beim nächsten Mal entrümpelt werden muss). Alternativ können diese nicht mehr benötigten Dinge einen guten Zweck tun, denn auch in Deutschland gibt es viele Menschen, die sich über gut erhaltene Haushaltsdinge oder Bekleidung freuen.

Folgendes Zimmer, folgende Ecke oder folgende Dinge habe ich entrümpelt:

_____

_____

_____

Damit sind wir nun auch gleich bei den konkreten Unterstützungsfragen...

Fragen zur Integration

Wochenrückblick – der zweiten Woche nach der Rückkehr:

Ich habe mich diese Woche von folgenden Sachen getrennt – und das fühlt sich gut an:

- _____
- _____
- _____

Ich habe mich diese Woche von folgender Person oder folgender Situation berühren lassen:

_____
_____
_____

und das fühlt sich so an:

_____
_____
_____

Die folgenden Fragen beantworte bitte spontan und ohne großes Nachdenken. Damit gibst Du Deinem Unterbewusstsein eine Chance, Dich bei Deinem weiteren Weg zu unterstützen.

- Wenn ich jetzt an meinen Jakobsweg zurückdenke, denke ich an/daran:

_____

_____

_____

_____

- Von dem, was ich auf dem Camino erlebt habe, vermisse ich am meisten dieses:

_____

_____

_____,

während ich froh bin, dass ich dieses nicht mehr erleben muss:

_____

_____

_____

- In Bezug auf meinen Pilgerweg auf dem Jakobsweg geht es mir in Summe:

_____

_____

_____

_____

Wochenrückblick – der dritten Woche nach der Rückkehr:

Ich habe mich diese Woche von folgender Person oder folgender Situation berühren lassen:

_____
_____
_____

und das fühlt sich so an:

_____
_____
_____

Die folgenden Fragen beantworte bitte spontan und ohne großes Nachdenken. Damit gibst Du Deinem Unterbewusstsein eine Chance, Dich bei Deinem weiteren Weg zu unterstützen.

- Wenn ich jetzt an meinen Jakobsweg zurückdenke und an die Menschen, von denen ich mich habe berühren lassen oder denen ich begegnet bin, denke ich an/daran:

_____
_____
_____

- Von dem, was ich auf dem Camino erlebt habe, vermisse ich am meisten:

_____
_____
_____,

während ich froh bin, dass ich dieses nicht mehr erleben muss:

_____

_____

_____

Wenn ich mich diese Woche gedanklich in meinen persönlichen „Jakobsweg-Moment" hineinversetze und mir vorstelle, ich hätte diesen Moment in meinem gegenwärtigen Leben, fühlt sich das so an:

_____

_____

_____

- In Bezug auf meinen Pilgerweg auf dem Jakobsweg bin ich in Summe dankbar für:

_____

_____

_____

_____

Wochenrückblick – der vierten Woche nach der Rückkehr:

Ich habe mich diese Woche von folgenden Sachen getrennt – und das fühlt sich gut an:

- _____
- _____
- _____

Ich habe mich diese Woche von folgender Person oder folgender Situation berühren lassen:

_____
_____
_____

und das fühlt sich so an:

_____
_____
_____

Die folgenden Fragen beantworte bitte spontan und ohne großes Nachdenken. Damit gibst Du Deinem Unterbewusstsein eine Chance, Dich bei Deinem weiteren Weg zu unterstützen.

- Wenn ich jetzt an meinen Jakobsweg zurückdenke, denke ich an/daran:

_____
_____
_____

- Von dem, was ich auf dem Camino erlebt habe, vermisse ich am meisten dieses:

  _____

  _____

  _____,

während ich froh bin, dass ich dieses nicht mehr erleben muss:

_____

_____

_____

- Seit meinem Pilgerweg auf dem Jakobsweg habe ich folgende neue Gewohnheiten entwickelt:

  _____

  _____

  _____

  _____

Und auch heute stelle Dir wieder bildhaft Deinen Jakobsweg-Moment vor Augen – spüre noch mal ganz genau in die Situation hinein: Wie hast Du gestanden oder Dich bewegt, wie hast Du Dich gefühlt oder wie war Dein Gesichtsausdruck?

Wie geht es Dir heute, wenn Du Dich ganz exakt genauso „skulptierst", wie in dem Bild vor Deinem inneren Auge?

Was waren in dem Moment die Worte, die Du Dich sagen hörtest? Klingen sie noch genauso, wenn Du sie heute wieder sprichst?

Loslassen

Um Deinem persönlichen „Jakobsweg-Moment" näher zu kommen und ihn langfristig zu erreichen, ist es wichtig, dass Du regelmäßig ein paar Schritte gehst, um in die gewünschte Richtung zu kommen. Das könnte beispielsweise sein, dass Du verschiedene Fähigkeiten oder Kenntnisse erwirbst. Aber genauso kann es auch sein, dass es erforderlich ist, sich von bestimmten Situationen oder Personen zu verabschieden. Vor allem letzteres ist naturgemäß nicht immer einfach und sollte natürlich im Idealfall ohne großen „Scherbenhaufen" über die Bühne gehen – und das will daher gut überlegt sein.

Abb. 8: Neue Wege gehen – Altes verlassen.

Bitte an dieser Stelle zunächst einmal nur Gedanken, keinesfalls überstürzte Handlungen!

Wenn Du an Deinen persönlichen „Jakobsweg-Moment" denkst, könnte es sein, dass sich etwas oder jemand von Dir verabschieden möchte, dass Du möglicherweise etwas oder jemanden loslassen musst (einen gut bezahlten, aber ungeliebten Job, beispielsweise, oder auch eine Person)? Für wen oder was kommt die Zeit zu gehen?

- _____
- _____
- _____

Wenn Du darüber nachdenkst, wie fühlt sich das an?

- _____
- _____
- _____

Wenn Du daran denkst, weiterhin in dieser Situation oder mit dieser Person zu verbleiben, wie fühlt sich das an?

- _____
- _____
- _____

Was könntest Du in dieser Situation oder mit dieser Person möglicherweise noch lernen, das Dir auch für ein Leben in Deinem „Jakobsweg-Moment" weiterhelfen könnte?

- _____
- _____
- _____

Wie fühlt sich das jetzt an, weiterhin in dieser Situation oder mit dieser Person zu verbleiben?

- _____
- _____
- _____

„Die wirkliche Entdeckungsreise besteht nicht darin, neue Landschaften zu suchen, sondern die Welt mit neuen Augen anzuschauen."
(Marcel Proust)

Willkommen heißen

Aber natürlich geht es nicht nur um das Loslassen. Dennoch ist es eine gute Voraussetzung, um Platz für etwas Neues in unserem Leben zu schaffen. So wie ich es zwar lästig finde, einen Acker erst von Unkraut zu befreien, bevor ich mein Gemüse oder etwas anderes Neues aussäen kann – aber dadurch das Neue überhaupt erst eine Chance und einen angemessenen Platz haben kann.

Wenn Du also an Deinen persönlichen „Jakobsweg-Moment" denkst, wer oder was ist es, der da bei Dir angeklopft hat und nun auf „Einlass" wartet? Kannst Du dem Neuen, das sich in diesem Moment gezeigt hat, eventuell schon einen Namen geben?

- _____
- _____
- _____

Wenn Du darüber nachdenkst, fühlt es sich anders an, einen (Arbeits-) Namen für Deinen persönlichen „Jakobsweg-Moment" zu haben?

- _____
- _____
- _____

Wer oder was kann Dich auf Deinem Weg zu Deinem persönlichen „Jakobsweg-Moment" unterstützen? Das kann – beispielsweise wenn Du einen neuen Job suchst – ein Bewerbungscoach sein, oder auch ein Kurs, in dem Du eine neue Fähigkeit oder neue Kenntnisse erwirbst.

- _____
- _____
- _____

Tipps & Impulse für das erste halbe Jahr nach der Rückkehr

Hattest Du in den letzten Wochen und Monaten seit Deiner Rückkehr vom Jakobsweg auch hin und wieder schon mal den Gedanken, dass wieder alles beim Alten ist? Oder dass die Vision, die Du auf Seite 20/21 beschrieben oder gezeichnet hast, doch bloß ein Hirngespinst war?

Dann möchte ich Dir mit den Worten des französischen Schriftstellers Antoine de Saint-Exupéry Mut machen:

„Bewahre mich vor dem naiven Glauben, es müsse im Leben alles glatt gehen. Schenke mir die nüchterne Erkenntnis, dass Schwierigkeiten, Niederlagen, Misserfolge, Rückschläge eine selbstverständliche Zugabe zum Leben sind, durch die wir wachsen und reifen."

Ein roter Faden

Abb. 9: Willkommene Wegweiser

Auf dem Jakobsweg hast Du Dich anhand von Muschel-Wegweisern oder gelben Pfeilen orientiert, die Dir den Weg gewiesen haben.

Geht es Dir vielleicht auch manchmal so wie mir, dass Du Dir wünscht, auch im Alltag so kleine gelbe Pfeile oder ähnliche Wegweiser zu haben, die Dir den Weg in die ‚richtige' Richtung weisen?

Auch „im richtigen Leben" gibt es genügend Wegweiser, die uns helfen sollen, auf dem richtigen Weg zu bleiben – allerdings ist es nicht immer ganz einfach, sie als solche zu erkennen. Zu häufig kommen diese in einer anderen „Verpackung" vorbei als wir es uns so vorstellen.

Nun, ich für mich habe mittlerweile beschlossen, dass der Weg, der sich mir eröffnet, immer in die richtige Richtung geht – auch wenn ich die vermeintlichen Umwege zunächst nicht so zu schätzen weiß. „Umwege erhöhen die Ortskenntnis", sagte einst Reinhard Sprenger dazu.

Außerdem weiß man ja nie, wie es auf dem anderen Weg gewesen wäre…

Auf Seite 43/44 hatte ich von der Begegnung mit dem Fremden oder dem eigenen Schatten geschrieben. Daran möchte ich an dieser Stelle gerne anknüpfen und Dir die Geschichte von Theseus und Ariadne erzählen, zwei Figuren aus der griechischen Mythologie.

Königssohn Theseus machte sich der Sage nach auf nach Kreta, um dort gegen den Minotaurus, ein Mischwesen aus Mensch und Stier, zu kämpfen, das regelmäßig nach Menschenopfern verlangte und in einem Labyrinth gefangen gehalten wurde. Prinzessin Ariadne, Halbschwester des Minotaurus, verliebte sind in Theseus und gab ihm auf seinem heldenhaften Weg ins Innere des Labyrinth ein geweihtes Schwert und einen roten Wollfaden mit auf den Weg.

Wie hast Du Dich auf Deinem Jakobsweg gefühlt? Hattest Du Dir auch manchmal gewünscht, ein geweihtes Schwert bei Dir zu tragen? Oder einen roten Faden, der Dir auf dem Camino wie auch im ‚echten' Leben den Weg weist? Sowohl der Jakobsweg als auch der eigene Lebensweg erweist sich manchmal voll von Irrungen und Wirrungen. An manchen Passagen geht es lange und mühelos voran, an anderen Passagen wiederum folgt eine Kurve oder Kehre der nächsten. Das fordert, immer wieder umzukehren, und sich immer wieder anzupassen.

Hast Du auch schon einmal ein Labyrinth begangen? Ein echtes meine ich, nicht so einen Irrgarten im Maisfeld, in dem man sich verlaufen kann. Ein Labyrinth hat genau einen Weg, der von außen verzweigungsfrei und zwangsläufig irgendwann in die Mitte führt[4]. Und deshalb finde ich es so ein schönes Sinnbild für unser tägliches Leben: Lange Geraden und kurze Kurven, ein Annähern an die ‚eigene Mitte' und dann wieder ein Abkehren. Und wenn man denkt, es geht nicht weiter, stimmt das auch, zumindest in dieser Richtung. Dann muss man seinen Weg, seine Richtung ändern, um weiter voran gehen zu können – auf Deinem Weg.

Und genau deshalb finde ich, dass auch das Labyrinth zum Jakobsweg passt – ein quasi „zeitloser" Raum. Alles andere wird unwichtig. Egal was passiert – trotz Angst vor dem Verlaufen – voll Vertrauen, das Ziel erwartend, einfach nur gehen, weiter gehen, einen Schritt vor den anderen setzen. Sich dem Weg überlassen. Trotz aller Irrungen und Wirrungen, Abkürzungen und Umwegen, erwarteten und unerwarteten Wendungen, die dazu gehören – irgendwann kommst Du an. Zumindest wenn Du Deiner inneren Stimme gefolgt bist. Dein Jakobsweg ist für Dich genau der richtige – es ist nämlich Dein Weg, den niemand gehen kann außer Dir selbst – der Weg in die eigene Mitte. Oder bist Du dem Weg (oder dem Tempo) anderer Menschen gefolgt? Da war er wieder, der Spruch von Marlon Brando.

---

[4] Irrgärten entstanden erst ab dem 16. Jahrhundert zur Unterhaltung des Adels wie auch des normalen Volkes

Worte & Gedanken

Der Weg in die Mitte

Erinnerst Du Dich noch an die letzten Tage, bevor Du Santiago erreicht hast? Wie ist es Dir ergangen? Warst Du voller Vorfreude? Hattest Du Herzklopfen – warst Du total aufgeregt? Oder total im Stress, weil Dein Rückflug schon viel früher ging als es Dir lieb war? Warst Du traurig, bald von Deinen neuen, liebgewonnenen Wegbegleitern Abschied nehmen zu müssen? Oder hast Du – wie im Rausch – noch mal ordentlich ‚Gas gegeben' so kurz vor dem Ziel? Vielleicht aber kam Dir auch der Gedanke, dass Du es bedauern könntest, bald schon am Ziel Deines Weges angekommen zu sein, weil Du doch gerade eben erst angefangen hattest, den Weg zu genießen?

Egal, was es genau war, das Du gefühlt hast, kennst Du dieses Gefühl auch aus anderen Situationen Deines Lebens? Mir ging es so, dass es mir am Anfang meines ersten Jakobsweges nicht schnell genug gehen konnte, während ich mir am Ende gewünscht hätte, ich hätte die Zeit am Anfang mehr genossen. Was ich durchaus aus anderen Situationen meines damaligen Lebens kannte. Nun, daraus habe ich für mich abgeleitet, mehr den gegenwärtigen Moment schätzen zu lernen. Aber dies ist nur meine Schlussfolgerung, Du wirst vielleicht etwas anderes erlebt haben.

Um nach diesem kleinen „Umweg" wieder auf die griechische Sage zurückzukommen: Wir können davon ausgehen, dass Theseus – kurz bevor er die Mitte des Labyrinths erreichte und mit dem Minotaurus kämpfte – ein ziemlich starkes Herzklopfen gehabt haben wird. Immerhin fördern die Stresshormone, die dafür verantwortlich sind, auch das Leistungsvermögen, was für die Schlacht unbedingt von Vorteil war. So gelang es Theseus natürlich, den Minotaurus in der Mitte des Labyrinths zu töten. Der Weg im Labyrinth – in die Mitte – als den Weg des Helden.

Welche Heldentaten hast Du auf Deinem Jakobsweg begangen? Welchen Minotauren (im übertragenen Sinne) oder Schatten bist Du begegnet? Hast Du sie besiegen, oder zumindest verwunden können? Oder hast Du sie womöglich umarmen können?

Auf meinem Jakobsweg bin ich folgenden Ungeheuern oder Schatten begegnet:

_____

_____

_____

_____

Vielleicht aber gab es keine großen Heldentaten auf Deinem Weg. Das ist auch wunderbar, denn die Welt kann ebenso wenig nur aus Helden bestehen, wie das Leben nur aus großen „Glücken" bestehen kann. Vielmehr ist doch *die* Kunst des Lebens, während der Zeit, die man damit verbringt, auf das ‚große Glück' zu warten, nicht zu vergessen, all die kleinen Glücksmomente wahrzunehmen, mit denen uns das alltägliche Leben beschenkt. Insofern sind auch viele kleine Heldentaten wertvoll, wie z. B. die Schnecke am Boden nicht zu zertreten, der alten Dame über die Straße zu helfen oder einem Menschen aus einer blöden, aber nicht lebensbedrohlichen Situation herauszuhelfen.

In der Mitte im Labyrinth ist jeder allein – denn jeder hat (s)eine eigene Mitte. So wie Du – trotz aller Weggefährten, mit denen Du unterwegs und in den Pilgerherbergen teilweise auf engstem Raum gewesen bist – alleine in Santiago im Pilgerbüro stehst, um Deine Compostela abzuholen oder am Grab des Apostels Jakobus zu verweilen, um ihn zu umarmen. Oder vielleicht ist es auch so, dass jeder von uns am Ende seines Lebensweges allein vor Gott steht. Aber das kann ich erstens nicht mit hundertprozentiger Sicherheit wissen, und ob Du mir zustimmst, hängt obendrein auch noch von Deiner religiösen Einstellung ab.

Angekommen in der Mitte, lässt die Anspannung nach, so wie viele Pilger sich freuen, endlich ihren schweren Rucksack abnehmen und andere Schuhe als die Wanderschuhe tragen zu können. Die Arme und Schultern fühlen sich leicht an, befreit. Ein Gefühl von Freiheit und Angekommen- und Angenommensein. Trotz großer Menschenmengen, die täglich in der Kathedrale zugegen sind, schien sie mir dort einen großen Frieden auszustrahlen, der auch ohne entsprechende Sprachkenntnisse wahrnehmbar ist.

Abb. 10: Ankommen – das Gepäck abstellen

Falls Du nun Lust bekommen hast, selbst ein Labyrinth zu begehen – ob aus Neugier oder um Dich wieder an bisschen an Deinen Jakobsweg zu erinnern – findest Du im Anhang ein paar Links zu Websites, auf denen Du Dich über Hintergrundinformationen und Standorte von Labyrinthen im deutschsprachigen Raum informieren kannst.

Taten

So, wie Du in den letzten Kapiteln durch die Übungen und die Pilgertage wieder regelmäßig Gelegenheit hattest, an das ‚Camino-Feeling' in Deinem Alltag anzuknüpfen, möchte ich Dir hier nun weitere Möglichkeiten vorstellen, um diese neue Haltung in Deinem Leben zu etablieren.

Begegnung

Auf dem Jakobsweg und/oder in den Pilgerunterkünften bist Du vielen gleichgesinnten Menschen begegnet. Man hatte ein gemeinsames Thema (den Weg), gemeinsame Alltagsprobleme (Essen, Trinken, Schlafen, Blasen an den Füßen) und vor allem auch ein gemeinsames Erkennungsmerkmal: Rucksack und evtl. die Pilgermuschel. So war es leicht, miteinander ins Gespräch zu kommen. Hast Du Dich schon mal gefragt, warum das im Alltag nicht ganz so leicht ist? Ich schon, aber ich habe mich gleich darauf gefragt, ob das so sein muss. Mittlerweile spreche ich auch in meiner Heimat-Großstadt München – wo kaum jemand vom Anderen Notiz nimmt – Menschen mit Rucksack und Jakobsmuschel an. Und bisher hat sich noch jeder darüber gefreut (und ich selbst natürlich auch, weil ich das Gefühl hatte, wie „normal" es ist, fremde Menschen einfach so anzusprechen).

Was gibt es noch für weitere Möglichkeiten, um das Gefühl von Pilgergemeinschaft im Alltag zu etablieren? Gibt es bei Dir in der Stadt einen Pilgerstammtisch, wo Du Dich mit Gleichgesinnten, Interessierten oder anderen Pilgern zum persönlichen (oder zur Not auch telefonischen) Austausch treffen kannst? Im Anhang findest Du einen Link zu einer Website, wo Du Dich informieren kannst. So kannst Du Dich vielleicht an einem Wochenende für kleine Jakobsweg-Spaziergänge vor Deiner Haustür oder bei Dir in der Nähe verabreden. Das kommt auch dem ursprünglichen Pilgern wieder sehr nahe, denn früher ist man ja auch immer von „Zuhause" losgelaufen. Sofern es in Deiner Region noch keinen Stammtisch gibt, gründe doch selbst eine eigene Pilgergruppe! Wer weiß, wem Du begegnen wirst...

Daneben gibt es natürlich auch noch viele weitere Möglichkeiten: Berghütten in den Alpen oder Jugendherbergen haben ebenfalls Pilgerherbergsflair. Oder lade Deine Freunde und Bekannten zu einem Picknick oder zu gemeinsamen Kochabenden ein, und erzähle ihnen, was immer so auf dem Jakobsweg in den Pilgerherbergen gekocht und gegessen wurde.

Eine andere Idee, die (neben den Labyrinthen) wie ich finde in vielerlei Hinsicht dem Pilgern sehr nahe kommt, ist zum Beispiel das Couch-Surfen. Aber das natürlich nur, wenn es Deinem Typ entspricht. Couch-Surfen bedeutet, dass Du fremden, reisenden Menschen Dein Gästezimmer oder Sofa zum Übernachten anbietest. Weitere Informationen dazu findest Du unter den im Anhang genannten Links.

Tiefe Begegnung

Anderen Menschen auf dem Jakobsweg oder im Alltag zu begegnen ist einerlei. Was für mich die Begegnungen auf dem Jakobsweg besonders gemacht hat, ist eine ganz bestimmte Tiefe. Man kannte sich zwar erst seit kurzer Zeit und dennoch gefühlt scheinbar seit Ewigkeiten.

Erinnerst Du Dich, was auf dem Jakobsweg anders war als in Deinem Alltag? War es das Gefühl von Gemeinsamkeit, von Zugehörigkeit zu einer Gruppe von Menschen mit gleichen Interessen, Sehnsüchten und Verletzlichkeiten wie Du? War es die Freiheit von Erwartungen anderer Menschen? Oder war es das Gefühl, sich problemlos offen und verletzlich zeigen zu können, weil die Wahrscheinlichkeit, Deine Wegbegleiter im „richtigen Leben" wiederzusehen eher gering ist? Oder war es etwas ganz anderes?

Einfachheit – Teil 2

Vor einiger Zeit hast Du einen Raum oder einen Schrank Deines Hauses oder Deiner Wohnung entrümpelt. Wie ist es Dir danach ergangen? Erleichtert? Befreit? Hast Du irgendwas von dem Entsorgten wieder benötigt?

Aufgabe:
Mit der Erfahrung, die Du beim ersten Mal gemacht hast, nimm Dir nun das nächste Zimmer oder den nächsten Schrank Deines Hauses oder Deiner Wohnung vor und überprüfe wieder, was von dessen Inhalt Du wirklich noch benötigst.

Wie wäre es zum Beispiel mit dem Kleider- oder Schuhschrank? Eine Herausforderung, besonders für Frauen. Als Alternative zu Tupper-Parties, wo man eher immer Dinge kauft, die man (erinnere Dich an Deinen Jakobsweg!) ohnehin nicht wirklich benötigt, möchte ich daher anregen – dass Du Freunde bzw. Freundinnen zu einer Kleider-Tausch-Party einlädst. Damit bekommt das Ausmisten gleich noch einen geselligen Charakter.

Bei mir im Freundeskreis läuft das immer so ab, dass sich alle paar Monate eine Person bereit erklärt, als Gastgeber/in zu fungieren und jede/r Teilnehmer/in eine Kleinigkeit zum Essen oder zum Trinken mitbringt. Somit verbringen wir dann gemeinsam einen unterhaltsamen, kommunikativen Nachmittag oder Abend mit Quatschen, Futtern, Prosecco (respektive Bier) schlürfen – und eben Klamotten tauschen. Der/die eine freut sich darüber, Sachen loszuwerden, der/die andere freut sich, kostengünstig schöne neue Sachen im Schrank zu haben, die er/sie sonst vermutlich nie im Leben gekauft hätte, weil sie so ganz anders als der „normale" Stil sind.

Die übrig gebliebenen Sachen werden am Ende übrigens immer einer wohltätigen Einrichtung gespendet.

Folgendes Zimmer, folgende Ecke oder folgende Dinge habe ich entrümpelt:

_____

_____

_____

Prototypen

Um Deinem persönlichen „Jakobsweg-Moment" näher zu kommen und ihn langfristig zu erreichen, ist es nötig, dass Du auch irgendwann ins Tun kommst. Dabei ist es erfahrungsgemäß meistens nicht sinnvoll, sofort einen Sprung ins kalte Wasser zu machen, nur um dann festzustellen, dass es geschickter gewesen wäre, zuvor den Neopren-Anzug anzuziehen, der noch im Keller herumhängt (sofern er nicht im Rahmen der letzten Übung entrümpelt wurde ☺)

Im Zuge dieser gedanklichen Vorbereitung, war zwar weiter oben die Rede von Heldentaten, aber auch Helden wissen, wen sie um Rat fragen können, wenn es darum geht, ihre Waffen zu schärfen oder die Rüstung zu reparieren. Daher kann es hilfreich für Dich sein, dass Du Dir professionelle Unterstützung leistest. Auf Seite 57 hattest Du ja bereits ein paar Unterstützer benennen können. Hast Du schon den einen oder anderen Kontakt aufgenommen?

Bevor Du Dich also Hals über Kopf in Deinen persönlichen „Jakobsweg-Moment" hineinstürzt, macht es Sinn, diese neue Zukunft zunächst zu erkunden – zum Beispiel mit Hilfe eines „Prototypen"[5]. Prototyp bedeutet, eine Vorab- oder Test-Version zu erstellen, damit Deine Vision unter Ausschluss der Öffentlichkeit gedeihen kann, wie in einer Art Gewächshaus. Das könnte beispielsweise ein Teilaspekt sein, den Du in den letzten Wochen bereits erarbeitet hast, wie zum Beispiel: „Ich werde im nächsten Monat einen Spanisch-Kurs in Guatemala machen" oder jemandem erzählen: „Ich möchte meinen Job bei … aufgeben, was denkst Du dazu?"

Ein Prototyp muss dabei weder voll funktionsfähig oder noch perfekt sein, sondern er soll Dir ermöglichen, ein Feedback, Ideen oder Verbesserungsvorschläge von nahestehenden oder betroffenen (und idealerweise Dir wohl gesonnenen) Personen einzuholen.

---

[5] Diese Formulierung habe ich mir von C. Otto Scharmer ausgeliehen (siehe Weblinks im Anhang)

Im Gegenteil – je schneller und früher Du Deinen Prototypen machst (d. h. je „unvollkommener" er ist, desto eher bekommst Du eine Ahnung, ob Du dabei an alles gedacht hast oder noch weitere Aspekte berücksichtigt werden müssen.

Wichtig dabei ist zweierlei: Erstens – Bitte achte darauf, dass Du nicht als erstes solche Personen um Feedback bittest, von denen Du ohnehin schon weißt, dass diese nicht besonders offen für Veränderungen sind. Und zweitens, dass Du Dich nicht von kritischem oder gar von (vermeintlich) negativem Feedback entmutigen lässt. Jede Rückmeldung, jede Frage, jede Kritik ist ein Hinweis für Dich, Deinen Prototypen zu verbessern und so Deinem „Jakobsweg-Moment" ein Stückchen näher zu kommen, auch wenn es natürlich zunächst einmal unangenehm scheint. Eventuell ist es ja nur der falsche (meist zu voreilige) Zeitpunkt, um Deine Vision in die Welt zu bringen.

So kann ich aus meinem „Jakobsweg-Moment" einen Prototyp machen und für mich wertvolles Feedback erhalten:

_____

_____

_____

Von folgenden Personen könnte ich mir ein Feedback einholen:

- _____
- _____
- _____

Folgende Personen können mir konkret mit Rat & Tat bei meinem persönlichen „Jakobsweg-Moment" zur Seite stehen:

- _____
- _____
- _____

Fragen zur Integration

Monatsrückblick – des zweiten Monats nach der Rückkehr:

Ich habe mich in diesem Monat von folgenden Sachen getrennt – und das fühlt sich gut an:

- _____
- _____
- _____

Diesen Monat bin ich folgenden Menschen neu (oder auf neue Art & Weise) begegnet:

- _____
- _____
- _____

und das hat dieses Gefühl in mir ausgelöst:

_____
_____
_____

Diesen Monat bin ich folgendem Aspekt an mir selbst neu begegnet oder habe folgende „Schattenseite" von mir selbst umarmen können: (Hinweis: evtl. helfen Dir dabei die Fragen von Seite 62...)

- _____
- _____
- _____

und das hat dies in mir ausgelöst:

_____

_____

_____

_____

- Ich bin dankbar für Folgendes, was ich seit meinem Pilgerweg auf dem Jakobsweg nun mit anderen Augen sehe:

_____

_____

_____

_____

- Ich habe das Gefühl, dass sich seit meinem Jakobsweg mein Leben in diese Richtung verändert hat:

_____

_____

_____

_____

_____

_____

und darüber denke ich so:

_____

_____

_____

- Wenn ich diesen Monat an meinen persönlichen „Jakobsweg-Moment" denke, und an die verschiedenen Menschen, denen ich begegnet bin, fühlt sich das so an:

_____

_____

_____

_____

- Um meinem persönlichen „Jakobsweg-Moment" näher zu kommen, habe ich folgende neue Dinge, Ideen, Verhaltensweisen neu ausprobiert, und es ist Folgendes dabei heraus gekommen:

_____

_____

_____

_____

und das fühlt sich so an:

_____

_____

_____

_____

Monatsrückblick – des dritten Monats nach der Rückkehr:

Ich habe mich diesen Monat von folgenden Sachen getrennt – und das fühlt sich gut an:

- _____
- _____
- _____

Diesen Monat bin ich folgenden Menschen neu (oder auf neue Art & Weise) begegnet:

- _____
- _____
- _____

und das hat dieses Gefühl in mir ausgelöst:

_____

_____

_____

Diesen Monat bin ich folgendem Aspekt an mir selbst neu begegnet oder habe folgende „Schattenseite" von mir selbst umarmen können:

(Hinweis: evtl. helfen Dir dabei die Fragen von Seite 62...)

- _____
- _____
- _____
- _____

und das hat dies in mir ausgelöst:

_____
_____
_____

- Seit meinem Pilgerweg auf dem Jakobsweg habe ich folgende neue Gewohnheiten entwickelt:

_____
_____
_____
_____

Die folgende Frage beantworte bitte wieder spontan und ohne großes Nachdenken.

- Wenn ich jetzt an meinen Jakobsweg zurückdenke, denke ich an/ daran:

_____
_____
_____
_____

- Um meinem persönlichen „Jakobsweg-Moment" näher zu kommen, habe ich folgenden „Prototypen" erstellt, und es ist folgendes dabei heraus gekommen:

_____

_____

_____

_____

und habe dazu folgende hilfreiche Rückmeldung/Ideen/Anregungen erhalten:

_____

_____

_____

_____

Und auch heute stelle Dir wieder bildhaft Deinen Jakobsweg-Moment vor Augen – spüre noch mal ganz genau in die Situation hinein: Wie hast Du gestanden oder Dich bewegt, wie hast Du Dich gefühlt oder wie war Dein Gesichtsausdruck?

Wie geht es Dir heute, wenn Du Dich ganz exakt genauso „skulptierst", wie in dem Bild vor Deinem inneren Auge?

Gibt es einen Unterschied zwischen dem „inneren Bild" und dem „äußeren Bild"? Und vor allem: Hat sich dieser seit Deiner Rückkehr verändert?

_____

_____

_____

Monatsrückblick – des vierten Monats nach der Rückkehr:

Ich habe mich diesen Monat von folgenden Sachen getrennt – und das fühlt sich gut an:

- _____
- _____
- _____

Ich habe diesen Monat folgendes zum ersten Mal gemacht, um meiner Vision näher zu kommen:

- _____
- _____
- _____
- _____
- _____

und das hat dieses Gefühl in mir ausgelöst:

_____
_____
_____

- Seit meinem Pilgerweg auf dem Jakobsweg habe ich folgende neue Gewohnheiten entwickelt:

_____
_____
_____

Die folgende Frage beantworte bitte wieder spontan und ohne großes Nachdenken.

- Wenn ich jetzt an meinen Jakobsweg zurückdenke, denke ich an/ daran:

_____
_____
_____
_____

Monatsrückblick – des fünften Monats nach der Rückkehr:

Ich habe mich diesen Monat von folgenden Sachen getrennt – und das fühlt sich gut an:

- _____
- _____
- _____

Diesen Monat bin ich folgenden Menschen neu (oder auf neue Art & Weise) begegnet:

- _____
- _____
- _____

und das hat dieses Gefühl in mir ausgelöst:

_____

_____

_____

Diesen Monat bin ich folgendem Aspekt an mir selbst neu begegnet oder habe folgende „Schattenseite" von mir selbst umarmen können:

(Hinweis: evtl. helfen Dir dabei die Fragen von Seite 62...)

- _____
- _____
- _____
- _____

und das hat dies in mir ausgelöst:

_____

_____

_____

- Seit meinem Pilgerweg auf dem Jakobsweg habe ich folgende neue Gewohnheiten entwickelt:

_____

_____

_____

_____

Die folgende Frage beantworte bitte wieder spontan und ohne großes Nachdenken.

- Wenn ich jetzt an meinen Jakobsweg zurückdenke, denke ich an/daran:

_____

_____

_____

_____

Wenn ich an meinen persönlichen „Jakobsweg-Moment" denke und daran, diesen in mein Leben einzubauen, dann habe ich das Gefühl, dass:

- _____
- _____
- _____
- _____

Monatsrückblick – des sechsten Monats nach der Rückkehr:

Diesen Monat bin ich folgenden Menschen neu (oder auf neue Art & Weise) begegnet:

- _____
- _____
- _____

und das hat dieses Gefühl in mir ausgelöst:

_____
_____
_____

- Seit meinem Pilgerweg auf dem Jakobsweg habe ich folgende neue Gewohnheiten entwickelt:

_____
_____
_____
_____

Wenn ich nun an meinen persönlichen „Jakobsweg-Moment" denke und daran, diesen in mein Leben einzubauen, dann habe ich das Gefühl, dass:

_____
_____
_____
_____

Gegenwind & Nebelbänke

Ein Sprichwort besagt: „**Auf dem Weg durch das Leben kann man den Wind nicht immer im Rücken haben.**"

Leider ist das wohl tatsächlich so – aber wir können lernen, auch gegen den Wind zu kreuzen und so trotz allem unser Ziel zu erreichen.

Abb. 11: Gegen den Wind – das Ziel im Blick

Deswegen kommt hier eine kleine Sammlung von Sprüchen „erfahrener Lebenspilger", damit Du trotz allem Deinen Mut für Deinen weiteren Weg behältst.

Ziel

„**Zu sein, was wir sind, und das zu entwickeln, was in uns angelegt ist – darin besteht das einzige Lebensziel**.", sagte schon im 19. Jahrhundert der reiselustige Autor von Reise- und Abenteuerliteratur Robert Louis Stevenson.

Vielleicht hat sich Dir dieses Lebensziel in Deinem Jakobsweg-Moment gezeigt, vielleicht ist es aber auch nur eine Zwischenetappe auf dem Weg zu diesem Lebensziel. Aber auch der kann Dir dann ein wichtiger Wegweiser für die nächsten Schritte sein.

Deshalb ist es ganz wichtig, Dir immer wieder Deinen persönlichen „Jakobsweg-Moment" vor Augen zu führen, denn „**Wer ein lohnendes Ziel vor Augen hat, überwindet auch steinige Wegstrecken**", stellte bereits Esther Damm fest.

Diese „Momentaufnahme der Zukunft" soll Dir für Deinen weiteren Weg als Leuchtturm dienen, an dem Du Dich orientieren und Deine nächsten Schritte und Entscheidungen ausrichten kannst.

Abb. 12: Immer diese Entscheidungen

Wenn Du Dich heute zurück erinnerst, an Deinen persönlichen Jakobsweg-Moment, und reflektierst, wie Du ganz am Anfang nach Deiner Rückkehr aus Santiago auf den Seiten 20/21 darüber gedacht und geschrieben hast – gibt es dabei eine Veränderung?

Ist das Bild eher in die Nähe gerückt oder in die Ferne? Ist es für Dich noch genau so präsent wie damals?

_____

_____

_____

_____

_____

Manchmal neigen wir allerdings zu Ungeduld. Aber: **„Ungeduld sieht nur das Ziel, nicht die Wege dorthin."**, fand Else Pannek[6]. Und dass das Ziel oft nicht am Ende des Weges liegt, sondern irgendwo an seinem Rand, wusste schon Ludwig Strauss.

---

[6] siehe http://www.narzissenleuchten.de/spr_01.htm

Nebel

Sicherlich kennst Du manchmal das Gefühl, dass Dein Leben gerade so verläuft, wie an einem nebligen Tag auf dem Camino? Wo die tiefhängenden Wolken und die schlechte Sicht Dir Schwierigkeiten bereiten, die gelben Pfeile, Muschel-Wegweiser oder andere Zeichen zu entdecken, die Dir die richtige Richtung anzeigen – und Du fast, oder vielleicht sogar ganz, falsch abgebogen oder in die Irre gelaufen bist?

„Man kann das Leben nur rückwärts verstehen, aber man muß es vorwärts leben." (Sören Kierkegaard)

In der Tat ist es auch in vielen Situationen des Lebens so, dass wir den Wald vor lauter Bäumen nicht sehen. Mit dem *Unterschied* (!), dass wir zumindest später im Leben, wenn der NEBEL sich schon längst gelichtet hat, irgendwann entdecken, mit welchen Geschenken er unser LEBEN bereichert hat.

Versprechen & Aufgabe

Die Vision, eine Erfahrung, wie Du sie auf dem Jakobsweg gehabt hast, hat ja häufig auch einen imperativen Charakter – das heißt, sie enthält „nicht nur ein Versprechen, sondern auch eine Aufgabe", schreibt auf Seite 23 zitierter Walach an gleicher Stelle. Bevor diese nicht ansatzweise erfüllt ist, kannst Du noch so oft in Erwartung einer neuen „Vision" auf den Jakobsweg gehen, es wird sich kaum eine einstellen.

Wenn Du die Fragen und Übungen in diesem Buch bis hierhin sorgfältig mitgemacht hast, hast Du jedoch bereits einiges an Tatkraft und Entschlossenheit miteingebracht. Daher bin ich sicher, dass Du schon einen guten Schritt in Richtung der Umsetzung getan hast.

„Bedenke: Ein Stück des Weges liegt hinter dir, ein anderes Stück hast du noch vor dir. Wenn du verweilst, dann nur, um dich zu stärken, aber nicht um aufzugeben.", wusste bereits der Heilige Augustinus vor gut 1.600 Jahren.

Für den Fall, dass Dir der lange Atem vorübergehend ausgeht, kommen wir auf den nächsten Seiten zu den Schutzengeln und den „Brunnen zum Auftanken".

Abb. 13: Schild auf dem Jakobsweg (nahe Cee)

Schutzengel

Abb. 14: Schutzengel auf Deinem Weg

„**Ein Engel ist jemand, den Gott dir ins Leben schickt, unerwartet und unverdient, damit er dir, wenn es dunkel wird, ein paar Sterne anzündet.**" (Phil Bosmans)[7]

Sind Dir in den letzten Tagen, Wochen oder Monaten auch ein paar dieser „Engel" über den Weg gelaufen (oder viel mehr hinter Dir her geflogen)? Die Dir in scheinbar ausweglosen oder schwierigen Situationen zu Hilfe gekommen sind oder in Situationen, in denen Du fast oder sogar ganz vom Weg abgekommen bist?

Hast Du Dich schon bei ihnen bedankt? Tu es, damit sie Dich gerne weiter begleiten...

Mir sind in den letzten Tagen, Wochen oder Monaten folgende „Engel" begegnet:

- _____
- _____
- _____

---

[7] Phil Bosmans, aus: *Nimm dir Zeit zum Glücklichsein. Brevier für jeden Tag*
© Verlag Herder GmbH, Freiburg i. Br. 1998 (siehe Literatur-Verzeichnis)

Brunnen zum Auftanken

„**Wenn Morgenfrische der Mittagsmüdigkeit weicht,
wenn die Beinmuskeln vor Anspannung beben,
wenn der Weg unendlich scheint und plötzlich nichts mehr gehen
will, wie du wünschest – gerade dann darfst Du NICHT zaudern.**"

Diese Worte stammen aus dem Tagebuch von UN-Generalsekretär Dag Hammarskjöld, der 1961 im Alter von nur 56 Jahren nach einem Flugzeugabsturz tot aufgefunden wurde. Um die Ursache des Absturz ranken sich ebenso viele Vermutungen, wie darum, ob es sich bei diesem Mann nicht um einen Mystiker der Neuzeit handelt.

Abb. 15: Brunnen in Hinterthal am Pinzgauer Marienweg (Österreich)

Wenn Du den von Hammarskjöld beschriebenen Momenten begegnest, wünsche ich Dir „Brunnen zum Auftanken" – wörtlich wie im übertragenen Sinne. Mögest Du wissen, wer, was und vor allem wo Deine Kraftquellen im Alltag sind, wo Du Kraft, Mut und Zuspruch für die anstehende Wegstrecke tanken kannst.

Aus dem, was Du die letzten Wochen und Monate bereits an neuen Gewohnheiten entwickelt hast, was könnten Deine „Brunnen zum Auftanken" im Alltag sein oder werden?

- _____
- _____
- _____

Zu guter Letzt: Abschluss & Wünsche für Deinen Weg

„Auf jedes Ende folgt wieder ein Anfang, auf jedes Äußerste folgt eine Wiederkehr." *(Lü Bu We)*

Nach diesen erneuten „Kehren" kommen wir nun in großem Bogen noch einmal zurück auf das griechische Helden-Epos. Immerhin sind wir Menschen ja von Haus aus neugierig und wollen wissen, wie die Sache ausgeht...

Dank Ariadnes rotem Faden findet Theseus natürlich auch problemlos wieder den Weg zurück. Man sagt auch, der Rückweg sei ein Weg zur Liebe. Nun, auf dem Jakobsweg hängt das sicherlich – rein äußerlich betrachtet – davon ab, unter welchen Vorzeichen und (familiären) Umständen Du Dich ‚auf den Weg' gemacht hast. Wessen ich mir aber sicher bin, ist, dass der Rückweg ein Weg der Liebe sein kann und sein sollte. Nämlich nichts Geringeres als ein Weg der Liebe zu Dir selbst (wenn Du Dich nicht liebtest, hättest Du Dir dieses Buch wohl nicht gekauft).

Wenn Du aus dem Labyrinth wieder heraus willst, musst Du Dich zuvor noch einmal um 180 Grad drehen (falls Du nicht ohnehin schon um einen Baum oder Gegenstand in der Mitte herumgegangen bist). Mit der Drehung schließt Du einen Weg ab und begibst Dich auf einen anderen, nämlich den Rückweg.

Genau das hast Du auf Deinem Jakobsweg getan, vor allem wenn Du – dem Brauch entsprechend – unterwegs einen Stein abgelegt oder in Finisterre ein altes Kleidungsstück abgelegt oder verbrannt hast. Der Mensch, der Du warst, bevor Du auf Deinen Jakobsweg aufgebrochen bist, den gibt es nicht mehr. Gleichsam mit dem Stein oder Kleidungsstück hast Du ihn ja symbolisch in Spanien gelassen. Tod und Neugeburt. Neuanfang – zumindest geistig.

Bleibt die Frage, wer die Person ist, die Deinen Rückweg angetreten hat. Ein Stück des Weges nach draußen bist Du in den letzten Wochen und Monaten ja schon gegangen – bist Du es noch oder ist es eine Neuausgabe von Dir? Ein Versions-Update, würde man in Bezug auf

Software sagen. Dabei entsteht ein Versions-Update selten über Nacht, sondern wandelt (oder hat sich gewandelt) im Laufe der Zeit.

Wandel

Wie wir in den letzten Kapiteln betrachtet, eingeübt und somit gefestigt haben, hinterlässt alles seine Spuren, auf dem Camino wie auch in unserem Leben: Jede Begegnung, jede Berührung, Offenheit aber auch Dankbarkeit. Es macht uns weicher, menschlicher und authentischer. Äußerlich mögen wir vielleicht noch der- oder dieselbe sein, die wir vor unserem Pilgerweg waren, aber innerlich hat sich etwas in uns verändert. Es wandelt uns – und wir wandeln uns.

In der Natur nennt man dies Reifen. Denn so, wie auch ein guter Wein mit der Zeit immer besser wird, verändern auch wir uns mit der Zeit des Wandelns. So ähnlich wie in dieser kleinen Anekdote, von der mir leider der Verfasser nicht bekannt ist:

„Die Statue des Michelangelo: (Verfasser unbekannt)

Eines Tages wurde Michelangelo von einer reichen Familie beauftragt, eine Statue von außergewöhnlicher Schönheit zu erstellen. Er suchte daraufhin nach einem geeigneten Marmorblock. Nach einer ganzen Weile fand er in einer Seitenstraße einen fast vollkommen von Unkraut überwucherten Block, der dort vergessen worden war. Diesen Marmorblock ließ Michelangelo von seinen Arbeitern in sein Atelier bringen.

Dann begann er damit, die Statue des David aus dem Stein zu hauen. Dafür brauchte er zwei ganze Jahre. Und zwei weitere Jahre dauerte es, bis er die Statue durch Schleifen und Polieren fertig stellte. Als die Statue feierlich enthüllt wurde, waren viele Menschen gekommen, um die unvergleichliche Schönheit des David zu bewundern. Man fragte Michelangelo, wie es ihm denn möglich gewesen war, eine so wunderschöne Statue zu erschaffen.

Der Bildhauer sprach: ‚Der David war immer schon da gewesen. Ich musste lediglich den überflüssigen Marmor um ihn herum entfernen.'"

Seit Deiner Rückkehr aus Santiago ist jetzt schon eine ganze Weile vergangen – und sicherlich hast Du auch während dieser Zeit, auf dem Teil Deines Weges „Zurück", den Du bisher schon gegangen bist, den einen oder anderen überflüssigen Marmor entfernen können oder Deine neue „Software" schon ein wenig testen können.

Möglicherweise hast Du dabei ähnlich wie auf dem Jakobsweg Höhen und Tiefen erlebt. Vermutlich wirst Du bemerkt haben, dass Pilgern nicht nur eine einmalige Aktion ist, sondern ein Prozess, der sich durch Dein ganzes Leben zieht. Oder eine Haltung, mit der Du durch Dein Leben gehst. Egal, ob bei der Arbeit, beim Abspülen, bei der Gartenarbeit, in der Begegnung mit anderen Menschen oder …

Wenn Du ein kurzes Resümee ziehst:

Lebst Du heute eher Dein altes oder (D)ein neues Leben?

Nachwort

Zum Abschluss wünsche ich Dir mit diesen Worten des bekannten persischen Sufis und Dichters Rumi (1207-1273):

„Ich habe die ganze Welt
auf der Suche nach Gott durchwandert
und ihn nirgendwo gefunden.

Als ich wieder nach Hause kam,
sah ich ihn an der Türe meines Herzens stehen.
Und er sprach: »Hier warte ich auf Dich seit Ewigkeiten.«
Da bin ich mit ihm ins Haus gegangen."

Dass Du in Dir immer ein friedvolles Zuhause finden mögest –
und dass Du von genau jenem Ort Dein Licht in die Welt scheinen lässt.

    Alles Gute wünscht Dir

        Christina Bolte

Abbildungsverzeichnis

Abb. 1: Autorin Christina Bolte 9
Abb. 2: Kann auch gemütlich sein – die all-abendliche Reflexion 14
Abb. 3: Endlich da – Willkommen in Santiago 16
Abb. 4: Die Glücksbohnen 26
Abb. 5: Spanische Tapas: ¡Que aproveche! 30
Abb. 6: Kathedrale in Santiago de Compostella 38
Abb. 7: Dem eigenen Schatten begegnen 43
Abb. 8: Neue Wege gehen – Altes verlassen. 55
Abb. 9: Willkommene Wegweiser 58
Abb. 10: Ankommen – das Gepäck abstellen 63
Abb. 11: Gegen den Wind – das Ziel im Blick 80
Abb. 12: Immer diese Entscheidungen 81
Abb. 13: Schild auf dem Jakobsweg   (nahe Cee) 83
Abb. 14: Schutzengel auf Deinem Weg 84
Abb. 15: Brunnen in Hinterthal am Pinzgauer Marienweg
         (Österreich) 85

(Soweit nicht anders gekennzeichnet: Alle Fotos aus eigenem Bestand)

Literaturverzeichnis und -empfehlungen

Phil Bosmans,
Nimm dir Zeit zum Glücklichsein. Brevier für jeden Tag
© Verlag Herder GmbH, 1998,   ISBN 3451224402

Hammarskjöld, Dag,
Zeichen am Weg (Vägmärken),
Knaur-Verlag, 1972,   ISBN 3426001365

Joos, Raimund,
Warum der Schuh beim Gehen weiter wird,
Tyrolia-Verlag, 2. Auflage 2011
  ISBN-13: 978-3702228248, ISBN-10: 3702228241

Walach, Harald,
Spiritualität – Warum wir die Aufklärung weiter führen müssen
Drachen-Verlag, 2011,   ISBN-13 978-3927369-56-6

Weblinks

Pilger-Informationen
Pilgerstammtische in Deutschland:
http://www.jakobus-info.de/jakobuspilger/plan02.htm

Datenbasis des Pilgerbüros in Santiago von 2013 verlinkt unter
http://www.pilgern.ch/jakobsweg/statistik.htm

Labyrinthe
Begehbare Labyrinthe in Deutschland:
http://www.begehbare-labyrinthe.de/

oder: http://www.mymaze.de/

Labyrinthe in Österreich: http://www.labyrinthe.at

Dort findest Du jeweils Links zu weiteren Seiten.

Links zu Sprüchen
Weitere Sprüche & Aphorismen
von Else Pannek: http://www.narzissenleuchten.de

Links zu weiteren Themen
Link zum Couchsurfen: http://www.couchsurfing.org/
(leider nur auf Englisch)

Links zur Arbeit von C. Otto Scharmer   (leider nur auf Englisch)
Link zur Theorie U: http://www.presencing.com/

Oder: http://www.ottoscharmer.com/

In eigener Sache:

Wenn Du zur Aufarbeitung Deiner Erlebnisse und Erfahrungen von Deinem Jakobsweg noch weitere Unterstützung suchst – bist Du herzlich eingeladen, Dich auf meiner Webseite über weitere Möglichkeiten und Angebote zu informieren:

http://www.weg-zurueck-ins-leben.de.

Dort findest Du weitere Links und Literaturhinweise und kannst Dich:

- Für meinen kostenlosen Newsletter registrieren oder
- Online-Impulse abonnieren

Darüber hinaus unterstütze ich Dich gerne auf und mit:

- Tagespilgerwanderungen im süddeutschen Raum sowie
- persönlichen Wochenend-Seminaren zur Integration und Vertiefung des Erlebten,
- mit Einzel- oder Gruppensitzungen und
- weiteren Angeboten.

Auf der Webseite findest Du immer die jeweils aktuellen Termine.

Natürlich freue ich mich sehr, Dich persönlich kennenzulernen und den direkten Dialog mit Dir zu führen.

Als Leser dieses Buches bekommst Du einen Preisnachlass auf die kostenpflichtigen Angebote. Dazu wirst Du bei Abschluss der Bestellung um die Eingabe eines Rabatt-Codes gebeten, den Du diesem Buch entnehmen kannst.

Alles Gute bei der Umsetzung Deiner Träume & Ziele

wünscht Dir

Christina Bolte